# JOHANNES ROTHE

## DER RITTERSPIEGEL

HERAUSGEGEBEN

VON

## HANS NEUMANN

MAX NIEMEYER VERLAG / HALLE/SAALE

1 9 3 6

Altdeutsche Textbibliothek, begründet von H. Paul†.
herausgegeben von G. Baesecke
Nr. 38

Druck von C. Schulze & Co., G. m. b. H., Gräfenhainichen

Herrn Prof. Dr.

# JULIUS PETERSEN

gewidmet

# EINLEITUNG

Wenn das Gedicht, das der Eisenacher Scholasticus am Marienstift Johannes Rothe einen „Ritterspiegel" genannt hat, auch das lebendigste und formal gepflegteste seiner Reimwerke ist, so erhält es seine Bedeutung doch aus Gründen, die außerhalb der literarischen Bewertung liegen. Das Mittelalter redet nur indirekt zum Beschauer; und wer in der Dichtung das Leben selbst greifen will, darf sichs nicht verdrießen lassen, die mancherlei Hüllen abzudecken, unter denen sich die Wirklichkeit verborgen hält. Als mittelalterlicher Mensch sieht Rothe Leben und Welt nicht als einen existentiell genugsamen Wert an, der Sinn und Aufgabe in sich selbst trägt, sondern denkt im ständigen Hinblick auf die durch die kirchliche Lehre an den Menschen gerichtete Forderung Gottes dem kommenden Reiche des wiederkehrenden Christus entgegen. Dies religiöse a priori bewirkt eine mächtig empfundene Spannung zwischen gelebter Wirklichkeit und idealem Sollen, eine Spannung, die das mittelalterliche Lebensgefühl überhaupt kennzeichnet. So erklärt sich, daß es dem mittelalterlichen Geist nicht darauf ankommt, wie die Dinge sind, sondern darauf, wie sie angesichts des Ideals sein müßten und nicht sind; darum fehlt auch dem Geschichtsbilde des Mittelalters der Begriff der eigengesetzlichen Entwicklung. Angesichts des Ideals hat jede Form der Wirklichkeit nur relativen Wert, und deshalb liegt nichts daran, die einzelnen Phasen des Geschehens in ihrem jeweiligen Zustand zu beschreiben, sondern die Aufgabe ist, die Veränderungen in der Welt als ein Wachsen des Abstandes vom Ideal zu schildern und durch lehrhaften Pessimismus[1]) den Willen zur Umkehr zu erwecken. Die Wirklichkeit wird also auf ein außerhalb liegendes Prinzip hin betrachtet und zunächst nicht sie gezeichnet, sondern ein Wunschbild dessen, wie es sein sollte, oder ein Zerrbild als Warnbeispiel, wie es nicht sein darf. Das Idealbild des Lebens trägt außer den religiösen Inhalten aber auch innerweltliche Züge in wechselnder Dichte eingemischt, und im Ideal des ritterlichen Daseins verschlingt sich ebenso Überweltliches und Irdisches, göttliche Forderung und menschliche Sitte eines besonderen sozialen Standes zu einer nur poetisch wirklichen Einheit. Das Rittertum stellt sich uns auch nicht anders als mittelbar dar, in den Romanen der höfischen Epiker ebenso wie in der späthöfischen Didaktik und der Satire. Das ritterliche Leben, auf das diese Dichtung den Blick in Lob oder Tadel gerichtet hält, gehört einer literarisch-fiktiven Idealwelt an, und sein Ethos ist Ausdruck eines ständischen Kulturideals, nicht gelebte Sitte und Sittlichkeit schlechthin. Damit sei nicht gesagt, daß Ideal und Wirklichkeit nicht einander durchdringen können, daß nicht die höfische Vorschrift ebenso wie die kirchliche Lehre dem Dasein Richtung und Haltung verlieh, daß nicht ritterliches Leben sich gebunden fühlte an Vorbild und Weisung, wie die Dichtung sie gab. Aber wo es darauf ankommt, das Wesen des Rittertums zu begreifen, wie es überindividuell als geschichtliche Größe seiner Institution und seiner geistigen Verfassung nach gewesen ist, da müssen schon Quellen fließen, die aus anderen Bereichen als der höfischen Idealwelt ihren Ursprung leiten.

Johannes Rothe, Priester, Stadtschreiber und Stiftskanoniker seinen Ämtern nach, als Gelehrter

---

[1]) Vgl. V. 1438 ff.

sowohl Theologe wie Jurist und Historiker, als
Dichter ein Didaktiker voll ernsten sittlichen Wollens,
hat die höfische Literatur schwerlich mehr gekannt,
wie Petersen[1]) mit guten Gründen erwies. Wenn
Rothe den Ritterstand zum Thema einer didaktischen
Dichtung macht, so muß seine Auffassung frei sein
von jenen idealtypischen Vorurteilen und höfischen
Wunschbildern. Sein Ausgangspunkt ist die Beob-
achtung der Wirklichkeit, und sein nüchterner Tat-
sachensinn bewahrt ihn vor romanhafter Aus-
schmückung. Er sieht das Rittertum mit seinen
Augen, als Historiker, als Jurist, als Städter, als
Geistlicher; aber darum eben ist auch seine Dar-
stellung nicht mehr als ein mittelbares Zeugnis, doch
ein mit anderer Perspektive gegebenes. Er betrachtet
das adlige Leben zugleich von oben her und von unten.
Von oben her als Theologe, der im Namen seiner
Kirche an den Ritter nicht nur religiös-sittliche
Forderungen zu richten hat wie an alle übrigen
Gläubigen auch, sondern ihm, dem Angehörigen eines
von Gott zum Schutz der Kirche beauftragten
Standes noch besondere Pflichten nahebringen muß.
Von unten her als Glied einer bürgerlichen, städtischen
Lebensgemeinschaft, die den Adel nach Gesinnung
und Leistung kritisch zu beurteilen gelernt hat.
Unter diesen beiden Blickwinkeln läßt sich das
ritterliche Leben gewiß nicht in all seinen Erschei-
nungen erfassen, und Rothe hat keineswegs beab-
sichtigt, seinen ritterlichen Gönnern ein Dasein zu
schildern, das sie weit besser kannten als er selbst;
darum weiß er vom Turnier wenig, von der Jagd
gar nichts zu sagen. Was er ihnen bieten wollte und
konnte, waren theoretische Erörterungen historischer
und verfassungsgeschichtlicher Art, praktische Hin-
weise für die Besserung ihrer wirtschaftlichen Lage,

---

[1]) Julius Petersen: Das Rittertum in der Darstellung des
Johannes Rothe, Straßburg 1909, S. 50.

Lehren über Kriegführung nach antiken Vorschriften
und vor allem eine eindringliche und breit ausge-
führte ethische Unterweisung auf moraltheologischer
Grundlage. Da das Rittertum einen von Gott be-
stimmten festen Platz in der Weltordnung innehielt,
konnte nach Rothes Meinung der wirtschaftliche Ver-
fall zutiefst nur Ausfluß sittlichen Niedergangs sein.
Hier lag für Rothe die eigentliche Aufgabe: das
ethische Bewußtsein zu stärken und ihm durch Be-
lehrung und Mahnung ein weltanschauliches Funda-
ment zu geben. Indessen ist es bezeichnend genug,
daß der Dichter, dem die ganz konkrete Frage eines
Edelmannes die Feder in die Hand gedrückt hat,
nicht bei der moraltheologischen Lehre stehenbleibt.
Obschon er darlegt, wie in langer Folge von Gene-
rationen auch Nachkommen eines unfreien Mannes
es bis zur Würde eines Königs bringen können — im
Grunde nichts als Theorie — und wie der Adel durch
Teilnahme an kaufmännischen Unternehmungen und
durch eine aufs Standesgemäße begrenzte landwirt-
schaftliche Tätigkeit seine Lebensbedingungen ver-
bessern solle, wo ihm der Hofdienst verschlossen
bleibt, so denkt Rothe doch ständisch oder besser
gradualistisch. Er verkoppelt die besonderen ritter-
lichen Pflichten mit der Schilderung der Vorrechte
des Adels und versucht ihn auch als Stand zu dem
zurückzuführen, was er seiner göttlichen Institution
nach sein soll: ein sozial und ethisch hochstehender
Stand von Kriegern, so wie das Rittertum der Kreuz-
züge und der Ritterorden war, fromm, tapfer und
genügsam (vgl. V. 940, 1005, 3146, 3259).

Rothes Ritterideal ist darnach dem höfischen Satze
,,Gott und der Welt gefallen" recht nahe. Das liegt
darin begründet, daß die deutsche höfische Dichtung
den echten Ritter nicht nur als Hofmann wertete,
sondern vorab als *miles christianus*; dies heißt anders
gewendet: in dem höfischen Bilde des Rittertums
haben auch die höfischen Klassiker Züge zeitloser

Kriegerethik hervortreten lassen, die schon früher
dem ritterlichen Standesideal angehörten und zum
Teil an den sittlichen Forderungen der Kirche heran-
gebildet waren. Hier liegt in Rothes Darstellung
nicht literarische Abhängigkeit vor, sondern es tritt
die lebendige, wurzelechte Tradition zutage; denn
sein Ideal trägt ein z. T. vorhöfisches Gepräge, ist
— wenn man so will — deutscher als das der
höfischen Epen und in mancherlei Hinsicht dem der
Heldenepik mehr verwandt, vgl. z. B. seinen Preis
der Gefolgschaftstreue V. 2237ff. Wenn Rothe aber
den jungen Ritter außer im Turnier und in allen
Übungen des Leibes auch im Schachspiel und im
Bedienen bei Tische ausgebildet wissen will, so zeigt
sich das höfische Lebensideal doch noch in Resten
wirksam. Es erhebt sich als wichtigstes Problem
daher, ob und wieweit auch die höfische Standesethik
unabhängig von dem unmittelbaren Vorbild der
ritterlichen Dichtung im Bewußtsein eines Mannes
wie Rothe und seiner Auftraggeber nachwirkte. Sie
lebt in der Tat noch, aber nicht mehr als Standes-
ethik, sondern als eine allgemein verbindliche sitt-
liche Wertordnung. Der ganze Apparat fast, den die
höfische Poesie aufwendet, um ihre ethische Lebens-
form zum Ausdruck zu bringen, tritt noch in Rothes
Werk hervor: *zuht*, *hövescheit*, *tugent*, *mâze*, *triuwe*,
vor allem *êre*, aber auch *sælekeit*, *stætekeit* und selbst
*manheit* und *werdecheit*[1]). Aber sie sind alle, am

---

[1]) Vgl. *zuht* 44, 334, 668, 3341, 3494; *hövescheit* 44, 334,
668, 1997, 2646, 2859, 3493; *tugent* 924, 1360, 1807,
1819, 1839, 1897ff., 1964, 2012; *mâze* 1384, 1822, 1828,
1845, 1899; *triuwe* 971, 1345, 1352, 2246, 2369ff., 3073;
*êre* 862, 906, 913, 924, 928, 946, 953, 1016, 1039, 1269,
1346, 1350, 1663, 1811, 1939, 1984, 2076, 2356, 2400,
2482, 2562, 2687, 3229, 3898; *sælekeit*, *sælde* (*sælec*) 898,
1008, 1905ff., 2608, 2731; *stætekeit* 2903ff.; *manheit* 2007;
*werdecheit* 2024.

wenigsten noch die *êre*, den Weg gegangen, der von
der ritterlichen *hövescheit* als der feinen höfischen Sitte
(*corteisie*) zur bürgerlichen *hobischeit* als der bloßen
Höflichkeit führte. Sie sind als Ideale in eine tiefere
soziale Schicht abgeglitten, dafür werden sie aber
neu auf die religiös-sittlichen Forderungen der kirch-
lichen Tugendlehre bezogen und erhalten so eine All-
gemeinverbindlichkeit über alle ständischen Grenzen
hinaus. Sie schränken also gewissermaßen ihren In-
halt auf den einen Pol des höfischen Tugendsystems
ein, auf Gott, aber verlieren die Beziehung zum
andern Pol, zur *minne*. Die *minne* jedoch und ihre
Gaben und Begleiterscheinungen *vröude* und *hôher
muot*, die dem höfischen Treiben des Romans die
leuchtende Farbe verleihen, erwähnt Rothe so wenig
wie den eigentlichen Inhalt des idealtypischen Ritter-
lebens, die *âventiure*. Doch bedarf dieser Satz einer
Einschränkung insofern, als sich der Eisenacher
Priester genötigt sieht, vor *minne*[1]) im Sinne des
höfischen Tageliedes und vor Fehden um der *âven-
tiure*[2]) willen zu warnen. Man gewinnt aus den
Versen 3398 und 960 den Eindruck, daß er sich hier
gegen Reflexwirkungen der höfischen Romandichtung
wendet; nicht, daß eheliche Untreue und Raub-
fehden als gelebte Romanmotive zu gelten hätten,
aber daß sich der Schuldige mit dem Hinweis auf
*minne* und *âventiure* als ritterlicher Lebensrechte zu
decken versuchen konnte.

Ein Ritterspiegel ist die Dichtung also nur im alten
Sinne der geistlichen *Specula*-Literatur, an die die
große Eingangsallegorie vom Spiegel anknüpft, d. h.
er zeigt dem Ritter, wie er geartet sein muß, um
seine Würde mit Recht zu tragen. Im modernen
Sinne genommen müßte man das Werk einen Bürger-
spiegel nennen, denn mit aller Eindringlichkeit

---

[1]) Vgl. 1745, 1759, 2071, 2675, 3398.
[2]) Vgl. 960, 1168.

zeichnen sich in ihm die Umrisse einer bürgerlich-
christlichen Weltauffassung ab. Die Ansicht, daß
durch persönliche Tüchtigkeit und tugendvollen
Wandel die Schranken zu durchbrechen sind, die
Bauern und Bürger vom Adel trennen, daß nicht die
hohe Geburt, sondern die edle Gesinnung den Wert
des Menschen bestimmt, daß die Angehörigen aller
Stände als Menschen gleichen sündlichen Herkommens
sind, aber doch eheliche Geburt Voraussetzung aller
Würden und Ehrenrechte ist, das zeigt den Bürger
ebenso wie den Priester. Er betont den Adel der
ehrlichen Arbeit wie den der Tugend, und als
höchstes irdisches Ziel des Lebens gilt ihm *der ge-
meyne nutz*[1]), dem sich auch der privilegierte Stand des
Ritters unterzuordnen hat. So sehr er das Verhältnis
der Treue zwischen Herrn und Gefolgsmann in der
metaphysischen Bindung durch den Eid beschlossen
sieht, so nüchtern weist er doch darauf, daß diese
Treue einen sehr realen Hintergrund behält, den
beiderseitigen Vorteil. Seine scharfen Ausfälle gegen
den Wucher und das Raubrittertum dienen vorab den
Interessen der städtischen Lebensgemeinschaft. Auch
ein Teil der ethischen Unterweisung erscheint mehr
bürgerlichen als ritterlichen Verhältnissen ange-
messen. Und in die Lehre über die Erziehung der
jungen Adligen hat er aus der *Disciplina clericalis* des
Petrus Alfonsus[2]) Forderungen eingefügt, die doch
nur dem Ideal des geistlichen Gelehrten entsprechen
konnten, wie das Studium der sieben freien Künste.

Rothes Dichtung ist nicht ohne Plan aufgebaut.
Auf die Eingangsallegorie vom Spiegel (V. 1—408)
folgt als zweiter Teil ein historisch-verfassungsge-
schichtlicher Abschnitt (V. 409—908), der die rechts-
geschichtlich so wichtige Lehre vom Heerschild-
system und die früheste Darstellung heraldischer

---

[1]) Vgl. V. 999, 2314, 2326, 3010, 3354, 3367.
[2]) Vgl. Petersen a. a. O. S. 152ff.

Regeln enthält, die wir aus dem deutschen Mittelalter
besitzen. Dem reiht sich als dritter Teil (V. 909—2407)
eine Fülle von sittlichen Belehrungen an, die sym-
bolisch auf die Ausrüstungsstücke des Ritters und
seine Vorrechte gedeutet werden. Der vierte Teil
(V. 2401—4108) birgt praktische Unterweisungen über
die Kriegführung, die Rothe dem im Mittelalter seit
Hrabanus Maurus viel benutzten spätrömischen
Schriftsteller Vegetius[1]) entnahm. Vegetius vor
allem hat ihn dazu verführt, den Begriff „Ritter"
über seine ständische Bedeutung hinaus auf jede Art
von Krieger anzuwenden, so wie lat. *miles* im alten
und neuen Sinne galt. Daraus erklärt sich manche
Unschärfe und mancher Widerspruch gegenüber dem,
was wir sonst vom Wesen des Rittertums wissen.
Rothes Absicht war eben, den Ritter wieder zu der
Aufgabe zurückzurufen, der er ihm entfremdet schien,
dem Kriege *dorch frede* (um des Friedens willen,
vgl. V. 3740), für das Recht, gegen Heiden und
Ketzer, zum Schutze der Kirche und ihrer Diener.
Wie stark Rothe dem ihm geistesverwandten ge-
lehrten Oströmer verpflichtet ist, lehrt die folgende Auf-
stellung, die auch die kleineren Stücke verzeichnet, wo
mehr Anregung als wörtliche Entlehnung sichtbar wird:

| | | | |
|---|---|---|---|
| 1049 ff. = | Veg. I, 5 u. 6 | 2977 ff. = | Veg. III, 14 |
| 2497 ff. = | III, 9 | 3281 ff. = | I, 3 |
| 2605 f. = | II, 19 | 3405 ff. = | I, 2 |
| 2696 ff. = | I, 18 | 3465 ff. = | I, 7 |
| 2701 ff. = | I, 10 | 3553 f. = | II, 1 |
| 2709 ff. = | I, 9 | 3585 ff. = | III, 4 |
| 2829 ff. = | I, 8 u. 9 | 3625 ff. = | I, 15 u. 20 |
| 2837 ff. = | II, 23 | 3649 ff. = | I, 13 |
| 2915 ff. = | I, 20 | 3701 ff. = | I, 21—25 |
| 2937 ff. = | III, 10 | 3739 ff. = | III, Prol. |
| 2949 ff. = | III, 10 u. 25 | 3759 ff. = | III, 2 |

[1]) Flavi Vegeti Renati epitoma rei militaris, rec. C. Lang,
ed. alt., Leipzig 1885.

| 3765ff. = Veg. III, 3 | 3861ff. = Veg. III, 8 |
|---|---|
| 3772ff. = III, 3 | 3889ff. = III, 9 |
| 3817ff. = III, 13 | 3957ff. = III, 12 |
| 3829ff. = III, 21 | 3981ff. = III, 18 |
| 3993ff. = Veg. III, 6. | |

Wichtig ist nicht die Entlehnung, sondern die Art, wie Rothe oft das Zitat für die eigene Zeit und ihre Anschauungen und Gebräuche zurechtbiegt und ummodelt, besonders wo er aufs Ritterliche hin zuschneidet. Das trifft nicht minder für die anderen zahlreichen Zitate aus Kirchenlehrern und antiken Philosophen zu, in die ein gut Teil Rothesche Lebensweisheit eingeflossen ist. Den kulturgeschichtlichen Gehalt des Werkes und seine Bedeutung für unsere Kenntnis des Rittertums wie für die richtige Bewertung der Aussagen über ritterliches Wesen und Leben in höfischen Dichtungen hat Petersen auf das gründlichste herausgearbeitet. Auf sein eindringendes Buch, das in den Abschnitten: *Der Begriff „Ritter"*, *Geschichte des Rittertums*, *Der Heerschild*, *Das Wappen*, *Abzeichen und Vorrechte*, *Erziehung*, *Ritterschlag und Ritterpflichten*, *Turnier*, *Krieg* der Rotheschen Dichtung in jeder Weise gerecht wird, muß schon zurückgreifen, wer sie richtig verstehen und einschätzen will.

Daß der „Ritterspiegel" beim adligen Publikum viel Anklang gefunden hat, läßt sich kaum annehmen, ist er doch nur in einer einzigen Handschrift überliefert. Trotzdem muß man vermuten, daß Rothe ihn auf Anregung und mit Unterstützung seiner ritterlichen Freunde, denen er das Werk widmet, zu dichten unternommen hat; zumindest für das heraldische System konnte er eines wappenkundigen Fachmannes nicht entraten. Schon Petersen[1]) hat dem Amtmanne der Wartburg Bruno von Teutleben einen Einfluß auf die Gestaltung des Ritterspiegels zugeschrieben, einem

---

[1]) a. a. O. S. 49.

Manne „nach dem Herzen Rothes", wie Karl Wenck[1])
ihn gekennzeichnet hat. Ihm hat Rothe später die
Chronik G gewidmet, von der noch zu reden sein
wird. Es ist aber nicht von der Hand zu weisen, daß
der Kreis der Besteller größer war und sich eine be-
stimmte oppositionell gerichtete Gruppe am Hofe des
unmännlichen Landgrafen Friedrich des Einfältigen
für das Werk interessierte. Das Lob der alten Zeit
brauchte hier nicht literarischer Tradition zu ent-
stammen, es lag nahe genug im Gedanken an das
kraftvolle ritterliche Treiben auf der Wartburg zu
Lebzeiten des Landgrafen Balthasar, das Rothes
Freunde, die v. Teutleben, die v. Wangenheim und
v. Madelungen, noch erlebt haben mußten. Daran
knüpft sich auch die viel erörterte Frage, wer unter
den „jungen Herren" zu verstehen ist, denen der
Dichter sein Werk zu schenken gewillt war. Petersen
hat an den Landgrafen Friedrich und seine beiden
erbberechtigten Vettern, die Osterländischen Brüder
Friedrich den Streitbaren und Wilhelm den
Reichen gedacht. Aber das Verhältnis der Oster-
ländischen Markgrafen zum Landgrafen Friedrich und
seiner Gemahlin war mehr als gespannt, und man
konnte sie nicht gut, die nie in Eisenach residiert
haben, so summarisch dem Kreis eines gegenwärtig
gedachten Publikums einbeziehen. Zander[2]) hat diese
Möglichkeit noch aus dem Grunde verworfen, daß
die an Rothes Freunde gerichtete Warnung vor der
*hochfart* (V. 67 ff.) nicht zugleich auch fürstlichen Per-
sönlichkeiten zugerufen sein könnte. Bedenkt man
freilich, wie scharf der Dichter dem herrischen
Balthasar die Wahrheit ins Gesicht gesagt hatte, dann
verliert das Argument sehr an Gewicht. An junge
Adlige, wie etwa die Söhne Brunos von Teutleben,

---

[1]) Max Baumgärtel (Hrsg.): Die Wartburg, 1907, S. 258.
[2]) Karl Zander: Johannes Rothe, sein Leben und seine
Werke (Diss., ungedr.), Halle 1921, S. 52.

ist deshalb schwerlich zu denken, weil diese „jungen Herren" eine so bevorzugte Stelle in der Widmung vor den ritterlichen Freunden des Dichters einnehmen. Bei dem Zustand der Handschrift liegt es recht nahe, die schon von Petersen erwogene Textbesserung *mynes jungin herrin* durchzuführen und V. 4048 auf Friedrich allein zu beziehen, den Rothe noch in der Düringischen Chronik als „Landgraf Friedrich den Jungen" (Kap. 758. 759) bezeichnen konnte. Aber es bleibt hier bei Vermutungen, solange nicht nachgewiesen ist, daß Friedrich ein besonderer Liebhaber der Astrologie war.

Als Entstehungszeit des „Ritterspiegels" hat Petersen[1]) mit sorgsam abgewogenen Argumenten die Jahre nach 1412 zu ermitteln gewußt und Helmbold[2]) datiert die Dichtung auf etwa 1416. Wenn man sich auch nicht auf ein einzelnes Jahr wird festlegen dürfen, so bleibt es doch trotz Zanders[3]) abweichendem Versuch, den Anfang des zweiten Jahrzehnts als Entstehungszeit anzunehmen, am glaubhaftesten, das Werk um die Mitte dieses Jahrzehnts anzusetzen. Rothe sagt im „Ritterspiegel" V. 891f. nach der kurzen Erzählung von der Ritterweihe Landgraf Ludwigs des Heiligen:

> *In der cronikin vindit man ez also*
> *di kan unz dez bescheide,*

und Petersen hat mit Recht darauf aufmerksam gemacht, daß der Verfasser damit angesichts seiner ritterlichen, des Lateins nur teilweise kundigen Leser nichts anderes als eine deutsche Chronik meinen könne und zugleich offensichtlich ein Werk seiner eigenen Feder. Da Rothes „Düringische Chronik" einen anderen Termin jenes Ritterschlages angibt, kommen

---

[1]) S. 32ff.

[2]) Zeitschrift des Vereins für Thüringische Geschichte u. Altertumskunde Bd. 29 (neue Folge Bd. 21) S. 452.

[3]) a. a. O. S. 57.

nur die Chroniken Kr und G in Betracht, die beide mit der Schilderung des Ritterspiegels übereinstimmen. Die Eisenacher Chronik Kr, das bei Schöttgen und Kreysig[1]) zum Abdruck gebrachte Chronicon Thuringicum, hat Helmbold[2]), ebenso wie Witzschel[3]) die Thüringer Landeschronik G (die noch unediert als Cod. Chart. B 180 in der Herzoglichen Bibliothek zu Gotha ruht), als Rothes Werk zu erweisen versucht. Für G ist das schon wegen der Reimvorrede, die mit der zur Düringischen Chronik teilweise wörtlich zusammen geht, von vornherein wahrscheinlich, und Witzschel hat diese Möglichkeit so stark zu stützen vermocht, daß Petersens Skepsis wohl zu weit geht. Für Kr ist der strenge Beweis schon schwerer zu führen, aber mir scheint doch — entgegen meiner früheren Auffassung — die Autorschaft Rothes auch hier nicht undenkbar, da ein großer Teil der Argumente Witzschels für G auf Kr ebenso zutrifft. Die Landeschronik G muß zwischen 1417 und 1419 verfaßt sein, was Helmbold (a. a. O. S. 399 ff.) näher begründet; für Kr kommen die Jahre nach 1414 in Betracht, da die als Hauptquelle übersetzte *Historia de landgraviis Eccardiana* nicht vor 1414 entstanden ist[4]). Nimmt man hinzu, daß Rothe in der Reimvorrede der „Düringischen Chronik", die dem Akrostichon zufolge 1421 beendet wurde, sein Prosawerk mit dem Bekenntnis entschuldigt:

> *Nicht sal yre* (der Landgräfin Anna) *togunt das vorsmehen,*
>
> *das is ungereymet ist.*
> *vor jaren hette ich es wol gethan,*

---

[1]) Schöttgen u. Kreysig: Diplomataria et script. histor. German. medii aevi, Altenburg 1753 ff., Bd. 1, S. 85 ff.

[2]) a. a. O. S. 415 ff.

[3]) Pfeiffers Germania Bd. 17, S. 129 ff.

[4]) Vgl. Karl Wenck bei Baumgärtel a. a. O. S. 706.

*zu langk worde mir nu die frist . . .*
*das mir vor jaren was eyne lust,*
*ist nu eyne arbeit worden,*

so wird kaum man annehmen dürfen, daß der Ritter-
spiegel erst nach der Chronik G in solch geringem
Abstande vor der Dür. Chron. gedichtet wurde. So
bleibt es das Wahrscheinlichste, daß er bald nach Kr
verfaßt ist, denn Zanders[1]) Gegenargument, die Verse
891 f. seien lediglich gedankenlose Füllverse, verschlägt
nichts bei dem, der Rothes präzise Ausdrucksweise
kennt. Die deutlichen Anspielungen auf den von
Friedrich von Heldrungen geführten Flegleraufstand
von 1412/13 in V. 969 ff. waren denn auch schon für
Petersen ein Anzeichen mehr zugunsten der Da-
tierung nach 1412.
Die Ausgabe des Ritterspiegels, die Karl Bartsch
1860 nach der einzigen Handschrift in den ,,Mittel-
deutschen Gedichten‘‘ S. 98 ff. noch ohne Kenntnis
des Verfassers veranstaltet hat, ist nicht nur durch
zahlreiche Lesefehler und Flüchtigkeiten entstellt,
sondern auch durch willkürliche Eingriffe in die
Schreibweise der Handschrift beeinträchtigt. Hinzu
tritt, daß Bartsch nur die auffälligsten Fehler erkannt
und gebessert hat. Ein Jahr später entdeckte Fedor
Bech (Pfeiffers Germania Bd. 6, S. 52 ff.) das Akro-
stichon: *Johannes von Crvzceborg Rothe genant,* das
sich aus den Anfangsbuchstaben der Kapitel ergibt.
Bech konnte als bewährter Kenner der Rotheschen
Sprache eine Anzahl Textbesserungen bieten, ist
aber in seiner Kritik nicht weit genug gegangen.
Leider kann sich die vorliegende Neuausgabe gleich-
falls nur auf die eine bisher bekannt gewordene Hand-
schrift der Landesbibliothek zu Kassel Mss. poet. et
rom. 4⁰ Nr. 8 stützen, so wünschenswert auch an-
gesichts einiger schwerer Verderbnisse die Kenntnis

---

[1]) a. a. O. S. 55.

einer weiteren Handschrift sein würde. Das Archiv
der Handschriftenbeschreibungen in der Deutschen
Kommission der Preußischen Akademie der Wissen-
schaften vermochte jedoch ebensowenig eine neue
Handschrift nachzuweisen wie die von mir durch-
gesehenen Bibliothekskataloge; Anfragen an eine
Anzahl Bibliotheken blieben nicht minder ergebnis-
los. Die Kasseler Handschrift, eine Papierhandschrift
aus der Mitte des 15. Jahrhunderts, hat jedoch
trotz ihrer mannigfachen Textschäden einen großen
Vorzug: sie stammt wie die Dichtung selbst aus
Eisenach. Ihre Orthographie ist der Rotheschen
Schreibweise noch ziemlich nahe verwandt. Außer
dem Ritterspiegel enthält die Handschrift von Blatt 81$^r$
bis Blatt 149$^v$ ein bereits von Fr. Ortloff in seiner
,,Sammlung deutscher Rechtsquellen" Bd. 1, S. 625ff.
herausgegebenes Eisenacher Rechtsbuch, das Bech
an genannter Stelle (S. 59) ebenfalls als ein Werk
Rothes erkannt hat. Für diese Arbeit konnte nur
ein Eisenacher Interesse haben, und so steht die
Provenienz der Handschrift außer allem Zweifel.
Diese Tatsache ist deswegen von Bedeutung, weil man
in den Fällen, wo die eigenhändigen Urkunden Rothes
kein genügendes Vorbild für gewisse sprachliche Er-
scheinungen bieten, unbedenklich die Sprachformen
der Handschrift stehen lassen kann; Eisenacher
Sprachgebrauch bleibt damit auf jeden Fall gewähr-
leistet. Trotzdem weicht der Text der Ausgabe nicht
unerheblich auch im Orthographischen von der Hand-
schrift ab. Nachdem es gelungen ist, ein Dutzend
Urkunden als eigenhändige Schriftstücke Rothes zu
erweisen[1]), erscheint es als durchaus möglich, die

---

[1]) Vgl. H. Neumann: Das Lob der Keuschheit, ein Lehr-
gedicht von Johannes Rothe. Literarhistorische und sprach-
geschichtliche Untersuchungen, Leipzig 1934 (Palaestra
Bd. 191), S. 163f. und Zeitschr. d. Vereins für Thüringische
Geschichte u. Altertumskunde Bd. 39 (neue Folge Bd. 31)

Werke Rothes in die Schreibweise des Verfassers um-
zusetzen. Daß die Zahl der orthographischen Ab-
weichungen von der Handschrift hier nicht größer ist,
erklärt sich eben aus der zeitlichen und örtlichen Nähe
von Original und Abschrift. Damit soll nicht gesagt
sein, daß die Kasseler Handschrift unmittelbar aus
Rothes Original kopiert wäre. Dies ist wegen ihrer
zahlreichen Fehler und Verderbnisse, die sich zu
einem guten Teil aus Veränderungen schon in der
Vorlage fehlerhafter Textstellen erklären, ganz un-
wahrscheinlich. Aufs Ganze gesehen ist aber der
Kasseler Text nicht schlecht und genügt in fast allen
Fällen als Grundlage zur Herstellung des Original-
textes.

Wenn in dieser Ausgabe die von Rothe in seinen
Urkunden, den Akrostichen und der Reimsprache
seiner Dichtungen angewendete Sprachform her-
gestellt worden ist, so bedeutet das zugleich einen be-
wußten Verzicht auf jede Art von Normalisierung.
Rothe gebraucht ja selbst nicht immer ein und die-
selbe Wortgestalt, sondern kann zwischen zwei oder
mehreren Formen wechseln. Das liegt daran, daß
seine Sprache eine Mischung von Mundart und Kanz-
leisprache darstellt. Wo die Handschrift Wort-
formen bietet, die für Rothes Sprache bezeugt oder
zu erschließen sind, können sie demnach unangetastet
bleiben. Formvarianten, die bei Rothe vorkommen,
aber der Handschrift fehlen, sind gelegentlich ein-
gesetzt worden, um dem Textbild die Buntheit des
Originals zu geben. Aus dem gleichen Grunde habe
ich auch da geändert, wo der Schreiber im Ortho-
graphischen konsequenter vorgegangen ist als der
Dichter zu tun pflegte. Das gilt z. B. für das Ver-
hältnis der Anwendung von $v$ und $f$, von $i$ und $y$,
von $c$ und $k$. Die zahlreichen Umlautschreibungen

---

S. 351 ff., wo der von Rothe geschriebene Stiftebrief von
1397 abgedruckt ist.

von *o* und *u* der Handschrift mußten ausgemerzt
werden, da Rothe sich ihrer nicht bedient; nur
einige *ö* als Umlaut des *o* im Plural von Sub-
stantiven habe ich stehen lassen, weil eine der
Rotheschen Urkunden gleichfalls den Plural von *hof*
als *höfin* wiedergibt. Das Verhältnis von *i* und *e*
in den irrationalen Endsilben -*in* und -*en* bzw. -*ir*
und -*er* usw. entspricht in der Handschrift dem Ge-
brauch Rothes. Sämtliche Abweichungen des Textes
von der Handschrift sind in den ,,Lesarten" auf-
geführt, ∕mit Ausnahme der abgeänderten Wort-
trennungen oder Wortverbindungen, sofern sie für
die Textgestalt belanglos erscheinen, und der mit
großen Anfangslettern versehenen Eigennamen[1]).
Außerdem sind *v* für *u*, *u* für *v*, *j* für *i*, *i* für *j*
stillschweigend je nach ihrem konsonantischen oder
vokalischen Wert eingesetzt worden. Die Inter-
punktion folgt den recht zweckmäßigen Regeln der
'Deutschen Texte des Mittelalters'.

Es wäre nicht selten möglich, durch Apokopierun-
gen oder Streichungen von Formwörtchen die Rothe-
schen Verse zu kürzen oder zu glätten. Derartige
Eingriffe sind aber im Allgemeinen nicht zulässig, da
Rothes Versbau sehr freie Formen bevorzugt, über
die ich a. a. O. S. 120ff. gehandelt habe. Selbst da,
wo Rothe das Maß des weiblich-vollen Verses über-
schreitet, was nicht häufig ist, kann meist nicht ohne
tiefen Eingriff geändert werden. So bleibt Beschrän-
kung hier allemal das bessere Teil!

In den ,,Lesarten" steht die Form der Handschrift
stets an erster Stelle, die Wortgestalt der Ausgabe
an zweiter; im Text ausgelassene Wörter sind durch
Sperrdruck hervorgehoben. Einige Konjekturen von

---

[1]) Den regelmäßigen Wechsel zwischen großem Anfangs-
buchstaben der ausgerückten und kleinem der eingerückten
Verszeilen führt die Handschrift nicht mehr streng durch,
sodaß auch hier ausgeglichen werden mußte.

Bartsch und Bech, die keinerlei Wahrscheinlichkeit
für sich haben, habe ich nicht verzeichnet; wo eine
Emendation von Bartsch den S. 220 ff. seiner Ausgabe
befindlichen Anmerkungen entnommen ist, wird be-
sonders darauf hingewiesen. Die Besserung von
V. 2388 bietet K. Zwierzina in der Festgabe für
G. Ehrismann (Berlin 1925) S. 59. Bei den „An-
merkungen" mußte ich mich, dem Charakter dieser
Sammlung Rechnung tragend, auf einige wenige
Interpretationshilfen beschränken. Das Glossar zu
meiner Ausgabe[1]) des Rotheschen „Lob der Keusch-
heit" wird dem Leser weitere Hilfe bieten können.

Die Neuausgabe möchte nicht nur dem Rechts-,
dem Kulturhistoriker und dem Heraldiker dienen,
sondern vor allem dem Studenten. Sie will ihm ein
sehr bezeichnendes Stück Spätmittelalter näher-
bringen und zugleich einen Text in der Gestalt
vor Augen führen, wie der Autor selbst sie ge-
schaffen hat. So wenig man auf normalisierte Text-
ausgaben für oberdeutsche Autoren namentlich der
guten Zeit verzichten kann, so notwendig ist es, dem
Lernenden das doppelte Gesicht spätmittelalterlicher
Schreibsprache zum Bewußtsein zu bringen. Da das
Mitteldeutsche immer stärker in den Vordergrund der
literarhistorischen wie der sprachgeschichtlichen For-
schung tritt, mag ein Text aus der thüringischen Land-
schaft besonders willkommen sein.

Wenn ich nach einer durch zehn Jahre gehenden
Beschäftigung mit Johannes Rothe nun von diesem
Autor Abschied nehme, dann darf das nicht geschehen
ohne Dank an den, dessen ausgezeichnetes Buch über
den „Ritterspiegel" meinen eigenen Bemühungen
Wegweiser und Ansporn gewesen ist. Es ist mir
daher eine Freude, Herrn Prof. Julius Petersen

---

[1]) Johannes Rothe: Das Lob der Keuschheit, herausgeg.
von H. Neumann, Berlin 1934 (Deutsche Texte des Mittel-
alters Bd. 38) S. 165 ff.

die Neuausgabe des Werkes, die er vor fast drei Jahrzehnten gefordert hat, zueignen zu dürfen. Für eine Durchsicht der Korrekturbogen fühle ich mich dem Herausgeber der Sammlung, Herrn Prof. Baesecke, verpflichtet. Mein Studienfreund Herr Dr. Hermann Kunisch-Berlin hat mich bei der Korrektur in aufopfernder Weise unterstützt und dem Text mancherlei Hinweise zugute kommen lassen, wofür ich ihm auch an dieser Stelle Dank sage. Ebenso danke ich der Landesbibliothek in Kassel, die mir die Handschrift mehrmals für längere Zeiträume zur Verfügung gestellt hat.

Berlin-Grunewald.          Hans Neumann.

## Abkürzungen

verb.   = verbessert (vom Schreiber).
erg.    = ergänzt.
emend. = emendiert.
DWB   = Deutsches Wörterbuch von Jacob und Wilhelm Grimm.

Ich horte daz eyn edilman
  von eyme großin geslechte
Clagete her mochte nicht gehan
  also hy vor sin vatir knechte.
5 Her zcornete darum gar sere
  daz eynes armen geburis son
Irwarb richtum und große ere
  umme den dinst den her hatte gethon.

Obil sprach her und swuer
10 und waz gar ungeduldig
Daz god beriete eynen gebuer
  deme her ez nicht were schuldig,
Und liße di armen ediln luthe
  also jemmerlichin vorterbin;
15 Gar unglich gebe her sine buthe,
  di ediln kunden nicht gud irwerbin.

Her fragete mich worum daz were,
  daz eynen geburis son daz glucke
Irhube und gebe em gud und ere
20 und di ediln nu wolde vordrucke.
Ich antwerte: worum thud ir nicht
  also uwir eldirn habin gethan?
Der togunde uch gar sere gebricht
  und nemit uch großir hochfart an.

25 Ab man uch gerne zcu guthe und erin
  hulffe in uwir blugundin jogunt,
So wollit ir uch an nymandin kerin
  und steckit vol der untogunt.
  Ez tud uch sanfte daz man uch flehit
30 und lieber jungherre nennit.

Mit sogethaneme spele ir ummegehit,
 uwirs bestin ir nicht irkennit.

Nu werdit ir irzcogin
 in rechtir bosir buberie
35 Bi den di ere helse wogin
 mit roibin und mit duberie.
 Etzwanne di ediln, fromen aldin
 ere kindir große togunde lartin,
 In solchin zcuchtin si wordin gehaldin
40 daz sy zcemelichin gebartin.

Nicht wollit ir nu fremmedin herrin
 noch fromen luthin dinen gerne
 Di uch hulffin zcu großin erin,
 ir wolt wedir zcucht noch hobischeit lerne.
45 Wenit ir daz man uch gebe gnug
 umme uwir fruntlichis trutin?
 Werit ir wise und ouch clug,
 ir dintet ouch fremmedin luthin.

Ez duchte uch eyne große schande
50 soldit ir mistin eynen stal
 Eyme herrin in eyme fremmedin lande;   2ʳ
 mit demud kommit man in den sal.
 Ir meynit daz nymant gud gnug si
 und uwir arme dinstis wert.
55 Dez geburis son machit sich henbi,
 darumme werdit em wez her gert.

Synen brudir Esau floch Jacob
 und dinete eynundzcwenzcig jar
 Und irwarb vel gutis und großis lob
60 mit zcwelff sonen, daz ist war.
 Joseph quam in Egiptinland
 und vordinete dez landis formundeschaft,
 Daz riche stunt an siner hand.
 solche ere had dinst und werdige craft.

65 Sehit dit waz nu di sache
   daz ich schreib dit buchelin!
   Kunde ich daz mynen frundin gemache
    daz sy darbi gedechtin min
   Und di hochfart lißin undir wegin,
70   do di torheit sere hangit an!
   Gar große herrin dinstis phlegin
    dez sy ere und nicht lastir han. —
   Solche gnade gebe mir god nu
    daz ez den ediln werde nutzce,
75 En sterke craft und togunt darzcu
    daz sy arme luthe mogin geschutzce.

   Uz aschin werdit eyn glaz gemacht       2ᵛ
    und heißis bli gegoßin darin,
   So gewinnet ez danne solche macht
80   daz ez gebit den wedirschin.
   Waz man darkegin heldit,
    daz sehit man wol darynne;
   Dez gudin gesichtis ez weldit
    und sterkit ouch di synne.
85 Daz herzce ez dem irfrowit
    wer suberlich ist und wol gestalt,
   Den crankin luthin ez drowit
    und den di recht sint wordin alt.
   Wer sich ouch had beremit
90   und besmerit mit ichte
   Daz eme nicht wole zcemit,
    dem betrubit ez daz gesichte.
   Von deßem spigil muez ich baz
    mit gotis hulffe nu sprechin.
95 Von aschin machit man daz glaz,
    gar licht ist sin zcubrechin.
   Her bedutit dez menschin licham
    der von aschin ist gemacht,
   Darin eyn sele von gote quam
100  weich also daz bli geslacht.
   Waz man darkegin heldit glich,

ez si bose adir si gud,
　Eyn jungir mensche bildit ez in sich
　daz her vel gerne darnach tud.
105 Der meistir Aristotiles spricht
　daz geglichit si eynes kindis sel
　Eyner tafiln do in geschrebin ist nicht
　und do man in schribit waz man wel.
　Czuhit man kindir zcu guthe
110　daz si togunde mußin lernen,
　Si wachsin en danne in dem muthe
　also daz licht in eyner lucernen
　Daz in der nacht den weg wisit
　wo man sichir sulle gehin.
115 Si werdin darvon hoe geprisit
　von den di ere togunde sehin.
　Lerit man sy abir boßheid,
　dy gelernen sy gar balde;
　Ez kommit di zcid ez werdit en leid
120　beginnen si darynne voralde.
　Wir sint zcu sundin geneigit
　vel me dan zcu dem guthin;
　Vel balde sich daz irzceigit
　halden wir unz nicht in huthin.
125 Mit den heiligin werdestu heilig
　und mit den vorkartin vorkart,
　Der prophete also selig
　der had ez in dem saltir gelart:
　Von gudin eldirn gude kindir kommen.
130　Abrahames knecht swuer uf sin diech
　Daz keyne heidin worde genommen
　von Ysaac. man werdit hoiptsiech
　Vel dicke von bosir geselschaft,
　dit ist eyn aldis sprichwort;
135 Wer darmede werdit behaft,
　der muez vorterbin, daz ist kort.
　Also nu in dem glase tud daz bli
　daz ez daz dorchsichtige werit,
　Also mag ez umme di redelichkeid si

140 di den wedirglancz gekerit.
   An deme lichamme sal man merke
   wo di fromikeid steckit ynne,
   Daz sin craft her wedir uz werke
   mit eyme toguntlichin synne.
145 Werkit her danne di truwe gancz
   in allin dingin di her tud,
   So gebit her den wedirglancz
   und irwelit vor daz bose gud.
   Sente Gregorius der spricht:
150 wer do irkennit sine eigin gebrechin,
   Der tud keynerlei untogunt nicht
   und lernit daz bose wedirsprechin.　　　4$^r$
   Wan du in den spigil sehist
   und merkist dich gar ebin
155 Und gar eigintlichin daz spehist
   waz dir god had gegebin
   An dime libe gar uffinbar:
   eyne subirliche gestalt,
   Gel, schone und gar cruz din har,
160 wol gezcirit du bist und nicht alt,
   Rosinvar dine wengelin,
   dine ougin luttir also eyn cristal,
   Dine lippin rod also eyn rubin
   und wol geschickit obiral
165 Hende, arme, lip und brust
   allis gar wole geschickit,
   So gewinnistu darvon große lust
   wan dich dit also anblickit.
   Dit ist dez glasis luttirkeid
170 daz dir gebit den wedirschin.
   Nu sich in den spigil andirweid
   und bedenke waz her ouch mag gesin.
   Von der aschin ist her wordin
   und werdit lichtlichin zcubrochin.
175 Du heldist ouch den selbin ordin
   also hi vor ist gesprochin.
   Von aschin bistu kommen　　　4$^v$

und werdist zcu aschin wedir,
Din schonde werdit dir benommen
180 und vellit zcumale darnedir.
In der sele clostir meistir Hug
spricht: mensche bedenke dich ebin,
Bistu nu wise und ouch clug,
wi vorgenclich si din lebin.
185 Bedenke waz du davor were
e danne dich din mutir gebar,
Und beschowe in diner gebord di ere
wi gar edellichin si ginge dar.
Vindistu danne icht sundirlichkeid
190 vor andirn menschinkindin
Di an dinen licham wart geleid,
so mochtistu dich wol undirwindin
Großirs adils danne di andirn
und ouch großir hochfart
195 Und in dem vorhebeniße gewandirn
umme eyne solche edele art.
Nu bedenke abir vordir mere
daz du hirnach salt werdin
Obir eyne cleyne zcid gar schere
200 wedir zcu aschin und zcu erdin.
Von bosir materien bistu kommen
in arme tuchir gewundin;          5ʳ
Waz gesmuckis du an dich hast genommen,
den hastu in zcid hi alz funden.
205 Nu kanstu dich selbir nicht gecleide
von dyme eigin uf deßir erdin,
Du must sy von den tirin scheide
von den dir cleidir werdin.
Bistu danne ußin gecleidit bunt,
210 ynnewenig doch eyn stinkindir mist;
Deßir spigil tud dir daz kunt
daz du eyn sag vol dreckis bist.
Tede nicht di hued und daz cleid
di große hochfart an uns werkin,
215 Dez libes wordin di luthe wol leid,

dit sal man wole merkin.
Wan du danne gesterbist,
  dinen licham di worme freßin.
Waz hilffit daz du nu irwerbist?
220 din werdit gar snel vorgeßin.
Job spricht daz eynes menschin lebin
  sy uf deßeme ertrich
In eyne rittirschaft gegebin
  daz ez in togunden ube sich.
225 Und also eyn tageloner tud
  der do dinet umme sin tagelon,
Her werke bose adir gud,
  so werdit em sin lon darvon.

**O**bir deßin spigil mache dich                    5ᵛ
230 und lerne dich baz irkennen.
Dyne vorfarn alle anesich,
  ich endarf er dir nicht nennen.
Ez spricht sente Bernhard:
  nicht ist deme menschin also gud
235 Von deme daz noch y geward,
  also daz eyn ewig blibin tud.
Waz sint alle wertliche ding?
  nicht me wan eyn gegoime
Di do beslußit der werlde ring,
240 sy vorgen glich also di troime.
Waz fromit hochfart und hoer mut
  den stolzcin jungelingin?
Si vorgen glich also der schatin tud
  und der glockin clingin.
245 Wo sint di forstin groz genant
  di vordackete roße rethin
Und herschetin obir stete und lant
  und gar vele luthe bestretin,
Dy do gabin richin sold
250 und hoe borge lißin buwin?
Wo ist er silbir, wo ist er golt
  uf den stunt gancz er getruwin?

Wo sint si di vele lant gewunnen
und die mechtigin konnige vortrebin
255 Und manchir ebinture begunnen,
also daz von en stet geschrebin?
Wo sint di hoen, dirluchtin forstin
und er schones hofegesinde,
Di sich noch erin lißin dorstin
260 und erbeittin darnach gar swinde?
Wo ist der wisir konnig Salomon
und Absolon der schonste man,
Der sterkistir herzcoge Sampson
Aswerus der herlichstir getan?
265 Wo sint die gewaldigin keisere
und di romischin konnige darmede?
Er gebod di heldit man nicht mere
noch kerit sich ouch an erin frede.
Korte froide, wertliche gewalt
270 und der begerunge sußikeid,
Großis gud, lust mannigvald
di werdin gar schere hengeleid.
Wo edilz blud, wo schoner lip,
wo tornirin und ouch stechin,
275 Wo hofirin, wo schone wip?
man had dez nu gebrechin.
Wo sint er großin palas,
er ritter und er knechte
Von den eyn großis volgin waz,
280 di ouch wole kundin gevechte?
Deße ding sint gar vorgangin
und vorlouffin gar in kortir zcid.
Er stete han andir lute enphangin,
di werdin er ouch gar schere quid.
285 Wir sint hi geste, das ist war,
uns dunkit wir sint werte;
Unse blibin werit korte jar
und mogin nicht lange geherte.
Sint wir jung, wir werdin alt
290 ab wir andirs lange lebin;

6<sup>r</sup>

6<sup>v</sup>

Sint wir suberlich, wir werdin obilgestalt;
di lust wir ouch begebin.
Wir sammen gud und wißin nicht
weme wir vor erbeitin;
295 In unsern hendin werdit ez uzgericht,
god wel ez andirs leitin.
Bistu eyn wisir mensche nu
und vorstehist bose und gud
Und hastu rechte vornunfte darzcu,
300 so nem dit ebin in dinen mud
Und geb dir selbir solchin rad
also ab dich eyn andir darum bethe,
Und richte dich gancz uf woltad
daz ez dir icht werde zcu spete.
305 Enzcebistu der warheid
in deßis spigils angesichte       7$^r$
Der mit siner clarheid
dich etzwaz kan undirrichte,
So volge deme nicht zcu langir frist
310 daz korte zcid werit gar
Und deme zcu volgin bermlich ist
und machit dich ewigis gutis bar.
Bistu nu in wertlichin erin
der sich vele luthe nemen an,
315 So saltu dich daran also kerin
daz du thust daz wol sy gethan.
Hastu obir di luthe gewalt
und macht orteil zcu gebin,
Bistu darum danne uzgezcalt
320 daz god nicht orteile din lebin?
Von sundin saltu dich scheidin
und nem dich der wißheid an
Mit ruwin und mit leidin,
so bistu eyn wol gesmucktir man.
325 Der untogunde scheme dich
und trib ouch keynen ungefug,
Senftmutig und nicht gremelich
daz ist der ediln luthe gesmug.

Di unediln machit er togunt
330 czu allin dingin edil sad;
Tribin si di an von jogunt, 7ᵛ
si smuckit si schone obir alle wad.
Alle subirlichkeid si merit,
alle zcucht und alle hobischeit,
335 Gotis vorchte sy lerit
und sy vormidit alliz leit.
Sente Gregorius der spricht:
di schrift di laz din spigil sin
Di dich zcu gotis dinst bericht;
340 mit diner sele ougin sich darin
Und beschowe dich gar ebin
wi sich din ynner mensche gehabe,
Daz ist din togunthaftis lebin,
ab daz zcuneme adir abe.
345 Y mynner du in den spigil sehist,
y du dich mynner irkennist,
Y du di sunde mynner vorsmehist
und doch dich fromer nennist.
Y du abir mer sehist darin
350 und irkennist dine gebrechin,
Y mer dir der gotlichin gnadin schin
luchtit, dit mag ich wol sprechin.
Ez sprichit ouch sente Bernhard:
daz ouge were gar eyn edil geled,
355 Hette ez eyne solche ard
daz ez sich selbir sehe darmed
Also wol also ez tud andirs waz 8ʳ
daz eme ouch keginwertig ist.
Daz gebit eme nu eyn spigilglaz
360 daz ez sin selbir nicht vorgist;
Und dez kunde ez nicht begynne
daz ez sich selbir mochte gesehin,
Were nicht daz bli vorborgin darynne;
dit sal man an dez geistis ougin vorstehin.
365 Also spricht ouch sente Gregorius
in deme selbin synne:

Dez ougin gesichte were ummesus
  steckete nicht vorborgin craft darynne;
  Wan so der mensche gesterbit,
370  so sehit daz ouge zcumale nicht.
  Wan man daz bli von dem glase gescherbit,
  dez spigils wedirschin danne gebricht.
  Wan man di schrift nicht wel vorstehin
  und sich nicht darnach wel richte,
375 Waz hilffit danne lesin und ansehin
  und di spruche und daz getichte?
  Cassiodorus spricht daz eyn wisir man
  dez begerit gar swinde
  Daz her di buchir gelesin kan
380  und undirwisunge danne vinde,
  Di dez menschin nature lobelich machit
  und en edillichin uzsmuckit        8ᵛ
  Und em sine untogunde swachit
  und en vor den andirn ufruckit.
385 Do vindit her danne ynne
  die schonen wißheid noch sinen begerdin
  Und manche behende und nutzce synne
  do her vornunftigir von mag werdin.
  Augustinus spricht: wer do had
390  eyne luttere, reyne sanwitzcikeid
  (Ez stet in dem buche von der gotis stad),
  der straffit sine bose gewonheid
  Di man eyme andirn obil spricht,
  di leßit her danne vel gerne
395 Und werdit her dez ergen undirricht,
  so wel her di togunt lerne.
  Und kan her der buchir nicht gelesin
  Adir mag der nicht gehabin
  Und wolde doch gerne toguntsam wesin
400  und noch gudin sethin grabin,
  So sal her zcu eyme spigele nemen
  eynen fromen, setigin, wisin man
  Deme worte und werke wol gezcemen
  und deme volgin wo mede her kan.

405 Dit larte ouch meistir Aristotiles
    konnig Allexandirn den großin
    Daz her em solde gehorchin des
    und di andirn sine genoßin.

    Nu werdin ouch rechte eiginluthe        9$^r$
410 mit der hant fri wedir gegebin
    (Also man daz wol mag beduthe)
    wan ez erme herrin werdit ebin;
    Und koiffen si guthir di nicht sint fri,
    und vorzcinsin di selbin guthe,
415 So mogin si frome gebure wol si.
    werdit redelich danne er gemuthe,
    So zcihin er kindir dan in di stete;
    er guthir si do vorschoßin
    Und gebruchin der friheid darmete
420 der si von den forstin han genoßin.
    Ist also menlich er kindir lebin
    daz sy in der herrin höfe ritin
    Und en sich zcu dinste dan gebin
    und togin zcu vechtin und zcu stritin,
425 So belenit si der herre danne
    mit frigutirn di eme sterbin loz;
    Also werdin sy der ediln herrin manne.
    werdit darnach er habe etzwaz groz
    Und sint er kindir toguntsam und fromme
430 und dinsthaftig in erin tagin,
    So mag ez en wol darzcu komme
    daz si werdin zcu rittern geslagin.
    Kommen si darnach zcu sloßin
    di gud und riche und veste sint,
435 Und sint si menlich und unvordroßin,
    so werdin si edil und alle er kint.        9$^v$
    Wan si di manlehin vorlihin
    und di rittermeßigin undir en han
    Di eris dinstis sich nicht vorzcihin
440 und en helffin zcu erin crigin dan,
    So werdin er kindir zcu grafin gemacht;

daz geschit en von dem riche.
Werdin si darnach baz geacht,
sy mogin sich den forstin gegliche.
445 Gewunnen si eynes forstin land
adir belenite si der konnig darmede,
So werdin si geforstint alzcuhand;
wer wolde dawedir rede?
Sterbit danne konnig adir keisere,
450 her mag an sine stad werde gekorin
Ab eme god had beschert di ere.
also werdit daz adil nicht angeborin
Czu deme erstin von anbegynne,
ez stigit also uf und vellit
455 (Wer dit ebin kan besynne)
darnach man sich fromelich stellit.
Vellit eyner in torheit balde
und vorlusit sinen toguntlichin mud
Und wel wedir worte noch truwe halde
460 in allin dingin di her tud,
Her werdit gar zcu nichte,
sin herschaft snellichin vorget.
Mit wißheit muez her ez uzrichte                    10ʳ
wel her daz sin adil bestet.
465 Seneca der spricht also:
wiltu nicht vorterbin,
So sal dyn gemuthe wesin fro
und noch der wißheit werbin.
Bistu nu wise, so besich
470 und bedenke dich gar ebin
Vor hen waz anerurit dich,.
wi du darmede wilt lebin.
Bedenke dich ab ez nu glucke,
waz du dawedir wollist thu;
475 Darkegin saltu dich smucke
ab ungefelle dir kommit zcu.
Eyn wisir man nummer gespricht
wan her schadin had genommen:
Ich vorsach mich dez zcumale nicht

480 daz ez also wolde kommen.
 Her wenit nicht, her weiz vorwar
  waz dawedir gehorit,
 Darum so werdin di liste gar
  von siner wißheit vorstorit.
485 Wan du nu besynnest icht
  gutis zcu deme erstin an,
 So bedenke in der selbin geschicht
  wi ez eyn ende wolle han.
 Wiltu icht gutis antribin,       10ᵛ
490  daz saltu vor gar wol besynnen
 Und danne stete daran blibin,
  so machtu ez von gote gewynnen.
 Enzcebistu abir icht bosis daran,
  so saltu zcuhant wedirkere
495 Und glimphlichin abelan,
  dez hastu nutz und ere.
 Ez schribit abir meistir Seneca
  in eyme briffe sime frunde Lucillo
 (Undir andirn dingin geschrebin da)
500  eyne rede di lutit also:
 Keyn konnig der lebit uf deßir erdin
  also edil von siner naturin,
 Her habe ouch zcu erst sin gewerdin
  und sine gebort genommen von geburin
505 Und si also enzciln uf kommen
  czu sime adil mit dem erstin an
 Und habe di gewalt an sich genommen
  also eyn ebinturlichir man.
 So vindit man ouch keynen gebuer
510  in deßir werlde zcu rechte,
 Her si kommen mit siner nathuer
  von eyme konniclichin geslechte.
 Dit had der luthe wandilberkeid
  in den gezcitin also vormengit     11ʳ
515 Di abe und zcu darmede treid
  daz glucke und unglucke brengit,
 Und dez selbin glichin noch wol tud

ane allirley irbarmen;
Wan den richin abeget er gud
520 also daz si mußin vorarmen,
Wan si nicht gebruchin wisir synne
und erin und gutis nicht achtin
Und der untogunde wollin begynne
und daz zcukunftige nicht betrachtin
525 Und in den spigil nicht wollin sehin
wi vorgangin sint di richin
Und noch allezcid vorgehin
und er edilkeid vorblichin.
Konnig Sauel in sime anbeginnen
530 der waz nicht eyn edilman,
Her suchte sines vatire selinnen
do her daz konnigriche gewann.
Konnig David zcu erst eyn scheffer waz
do her den resin Goliam irslug,
535 Her treib di schaffe vor an daz graz
und gewan do sedir adilz gnug.
Sauel vorloz sin konnigriche
umme daz her gothe waz ungehorsam
Und sime eigin willin nicht wolde entwiche, 11ᵛ
540 darum so wart her eme gram.
God sach Davidis demud an
und sprach do zcu den stundin:
Ich habe an Davide eynen man
noch myme herzcin fundin.
545 Der konnig Nabuchodonosor
wart edil und ante gar große ding;
Nymant wuste sinen vatir do vor,
man sprichit her were eyn fundeling.
Der Romer irslug konnig Hanibal
550 (und wolde ouch Rome gewynnen)
Also gar vele tod obiral
daz di wip do weretin di zcynnen.
Do santin si uz noch mannen wedir
uf daz si di stad mochtin behaldin,
555 Do quamen en struter und hertin sedir

und wundirlich volg zcu saldin.
Von den sint di ediln konnige kommen
  Julius, Tiberius und Octavian
  (Daz ich in warheit habe vornommen)
560  und mannig romischir edelman.
Er adil daz quam nicht von der gebort
  (daz mag man hirynne nu merkin)
Sundirn von togunden also ir had gehort,
  di in der sele daz werkin.

565 Czu adil gehorin togunde vel,          12$^{\text{r}}$
  wer ez recht wel haldin,
Der ich eyn teil nu nennen wel
  also ez beschribin di aldin;
Wan eyn iclichir edilman
570  der furit an sime schilde
Eynen vogil, wi der ist getan,
  adir eynes tiris bilde.
Darbi man sal irkennen
  di togunt di her an eme had,
575 Noch deme sal man en nennen
  adir noch siner wonestad.
Etzliche furen andirs waz
  daz nicht lebit uf erdin,
Gliche wol bezceigit ez daz
580  sy darmede gefriget werdin
Mit allin er lehinguthin
  di sy danne fri besitzcin.
Si sullin daz land helffin behutin
  mit erin creftin und witzcin.
585 Si sullin nicht mit dem sacke
  dinen also borger und gebuer
Sundirn mit eris libes nacke
  den herrin volgin, daz werdit en suer.
Von zcinsin und geschoßin
590  sint si darumme wordin fri,
Er fromikeid han sy genoßin         12$^{\text{v}}$
  daz sy wonen den forstin bi.

Silbir adir golt di mußin lin
uf allin gewappintin schildin,
595 Wiz und gel do vor ouch sin
an veldin adir an bildin.
Weme deßir zcwoier varwe gebricht
adir weme daz velt ist grune,
Dem ist ez danne keyn wappin nicht
600 wi menlich her sy adir wi kune.
Welch schilt had gudir varwe zcwo
czu dem velde und zcu dem bilde,
Ist er eyn guldin, den prise ich ho
vor di andirn gemeynen schilde.
605 Welchir abir had der varwe dry
adir eyn ding genant unendelich,
Dez wappin mußin swechir sy,
sin adil gewest ist schendelich.
Y mer eyn schilt der varwe had,
610 y mynner der wappin werdit geacht;
Y mynner bilde do habin stad,
y edelichir sy sint gemacht.
Ist eyn schilt gehalbirit glich
di twernist adir di lenge,
615 Dez bunt ist veld do sundirlich,
daz andir zcu bilde brenge.
Wer danne di rechtin sitin had
von silbir adir von golde,
Der had begangin di bestin tad
620 an dez konnigis solde.
Wer eynen vogil adir eyn tir
furit an sime schilde,
Daran sult ir nu merkin schir
(ez sy zcam adir wilde):
625 Ist em daz antlitzce bedackit
adir sint em di ougin vorbundin,
So waz sin muthir der erin nackit
do eme daz wappin wart fundin.
Adir ist eyn langir strich do dorch
630 mit eyner andirn varwe gestrichin

13ʳ

Also dorch den ackir get eyn vorch,
so had sin adil zcu erst gewichin.
Furit her eyn schemelich wappin dan
(daz mir vor eynen were leid),
635 So had her wedir daz riche getan
und wedir di heiligin cristinheid.
Di tir di von art sint wilde,
bedutin di rechtin manheid;
Si ediln gar sere di schilde
640   sint sy mit golde ummeleid.
Vel edelir ist eyn guldin veld
danne eyn guldin bilde;
Daz silbir had daz selbe geld     13$^v$
wanne man di ere gancz hilde.
645 Ab eyn man mit manheit ader mit list
irwerbit der ritter ordin,
Daz silbir daz in sime schilde ist,
ist darumme nicht guldin wordin.
Gehorit ouch daz golt darin
650   und gebruchit her nicht der ritterschaft,
Di gele farwe sal vor daz golt sin,
di bedutit ez mit er craft.
Di tir ouch di man heldit zcam,
bedutin rechte senftmutikeid;
655 Mit den vogeln heldit man ez alsam
wan er nature werdit uzgeleid.
Furit eyner danne vische
di gen in deme waßir lise,
Ez bedutit sine werke rische,
660   senftmutig, retig und wise.
Furit eyner blumen
(si sin lang adir sin kort),
Daz bedutit der luthe rumen
und daz her had eyn gudis wort.
665 Furit her bletir adir crud
adir boime adir etzliche fruchte,
Daz bedutit daz her obirlud
had hobischeit und zcuchte.

Furit her veld in veldin
670 gestuckilt adir gestriffit,       14ʳ
   Alt adil kan ez gemeldin
     ab ez zcwo farwe begriffit.
   Furit man abir gezcowe
     adir andirlei ding und huezrad,
675 Daz bedutit eyne drowe
     mit eyner schendelichin tad.
   Sibin sint der herschilde
     also di aldin buchir uzrichtin,
   In den vindit man dez adils bilde
680 wan man ez recht kan uzgetichtin.
   Der keiser furit den adilarn
     daz der erstir herschild ist,
   Der konnig muez sine stad bewarn
     wo man dez keisers vormist.
685 Doch habin di arn ein undirscheid;
     dez keisers sehit uf beide sitin,
   Dez konnigis sin hoibit treid
     also vor sich an eyner litin.
   Den andern konnige und erzcebischofe han,
690 di forstin habin den dertin
   Umme daz si sint der bischofe man
     wordin mit erin gefertin.
   Den ferdin habin di grebin,
     den funftin di banirherrin,
695 Den sechstin di ediln uzwebin,
     an den sibindin sich di rittermeßigin kerin. 14ᵛ
   Nymant had adil von rechte
     (daz bethe ich mir nicht vorkerin)
   Er kunne danne mit lehinrechte
700 di ritterschaft wol gemerin.
   Wer rittermeßige luthe
     czu mannen mag wol gewinne,
   Den schribit man edil und nennit en huthe
     allin endin noch deßeme sinne.
705 Den rittern und den knechtin
     schribit man: den gestrengin,

Di mit manheit und mit vechtin
der ediln dinst sullin volbrengin.
Also an dem sibinden gelede
710 di sippe nemmit eyn ende,
Also muez ouch nu hirmede
der sibinde herschild wende.
Wer nu von sinen eldirn were
fromelich und elichin geborn
715 Und hette ouch selbir behaldin ere
und worde umme manheit gekorn
Daz her lehingutir beseße
und were frome, toguntsam und milde
Und sich gudir dinge vormeße,
720 der queme wol zcu dem herschilde.
Dem muste eme gebin
eyn herre ader eyn forste,
Wan ez sime herrin were ebin
daz her en furin torste.

725 Ritters ordin der ist gud          15ʳ
von erbarn und fromen luthin
Wer toguntlichin darmede tud,
also ich nu wel beduthin.
Wer erin ordin nu habe irtracht,
730 dez sagit man manchirleie,
Noch werdit sin meistir wol geacht
ane zcwifil und ane gezcweie.
Czu deme erstin noch der sintflud
von Noes sone, der hiez Cham,
735 Gewan Nemroth eynen solchin mud
daz her di herschaft an sich nam.
Di luthe her do an erin dang,
der vel uf ertriche warin,
Mit gewalt zcu sime dinste twang
740 alz in den selbin jarin.
Uz sime geslechte her do laz
di sterkistin und di kunistin man
Und larte ouch di selbin daz

wi si den andirn gesegetin an.

745 Her machte daz allirerste heer
   daz uf ertriche y wart gesehin,
Und stalte si zcu redelichir weer
   wi si soldin zcu strite gehin
Und von dez heris banen
750 sich nicht soldin laßin tribin.
   Her machte di erstin stritfanen
   undir der si soldin blibin.                    15ᵛ
   Di spitzcin her recht schickete
   vorne an sime here,
755 Gar thure her en vorstrickete
   den solt umme ere were
Und den di do menlichin tothin,
   den legite her do eyn zceichin an;
Den wart do vordir ere irbothin
760 me danne den andirn an allin wan.
   Hi hubin sich an di schilde
   von den selbin zceichin,
Do nam er iclichir eyn bilde
   daz her konde irreichin.
765 Dit waz der ritter ordin
   der sich also had irhabin.
Vor Troya ist her großir wordin
   aldo von den ediln knabin.
Konnige und forstin vor der stad do lagin
770 czehin ganzce jar und lenger zcu velde
Und stetlichis stritis aldo phlagin
   und irtrachtin ouch di gezcelde.
Di si vor der stad zcu ritter slugin,
   den zcemete ouch daz alleyne
775 Daz si daz golt zcu spangin trugin,
   den richin waz ez vor gemeyne,
Uf daz sy menlich werin
   und deste me noch den erin rungin
Und ane alliz wedirkerin                          16ʳ
780 dorch der vinde huffin drungin.
Do Romulus Rome gebuwete,

darnach nicht gar obirlang
(In Italien her wenig ruwete)
di luthe her umme sich betwang.
785 Rome nam von em sere zcu
und wart eyn stad groz und wit,
Dez mustin di Romer erbeit thu
und hildin ouch gar manchin strit.
Di romischin borger si besantin
790 und lißin er allir namen beschribin
Di si do starg und werhaftig irkantin
und gerade warin an erin libin.
Uz tusindin si do eynen uzkorin
der menlich waz von sime muthe
795 Und von fromen eldirn geborin,
den satztin si den andirn zcu huthc
Und gabin em sine gutir fry
di her enphing do zcu lene,
Daz her eyn ritter solde sy
800 und sterkir danne andir zcwene.
Sy nantin en do miles,
der name bedutit in dem latin
Daz her wole wert were des
daz her obir di tusint solde sin.
805 Deßir ritter wart eyne große schar,      16ᵛ
sy warin alle uzmelinge,
Er manheit di wart do uffinbar
an mancheme großin dinge.
Julius waz der selbin eyner,
810 der ouch darnach eyn keiser wart
Und der waz undir en nicht eyn cleyner
also uns sin lebin daz uffinbart.
Darnach also di cristinheit
dez riches hatte enzcabin,
815 Do wart der ritter werdikeid
gar großlichin ouch irhabin
Und der werdin ritter ordin
gancz darnach vollinkommen.
Nu ist her leidir swach gnug wordin,

820  sin ere werdit em benommen
     Von roibern und von dibin
      di sich sere undir sy nu gebin,
     Di wuchirschetzce zcu sere en libin
      und gar veste an en clebin.
825 Hi vor wan eyner ritter wart
      daz en eyn herre darzcu geslug,
     So waz her zcuhant daruf gekart
      wi her sime ordin tede gnug.
     In di kerchin her danne ging
830  also eyn fromer cristinman,
     Undir meße her den ordin enphing
      von eyme pristir wolgetan;           17ʳ
     Der gebenedigete em sin swert,
      sinen ritters gesmug und sporn.
835 So wart her vor gote eyn ritter wert,
      der eid der wart von eme gesworn
     Daz her di heiligin cristinheid
      allezcid wolde vor vechtin
     Und dez richis schade em were leid
840  noch den beschrebin keiserrechtin;
     Ouch daz her wetwen und weisin
      wolde allezcid beschurin
     Und si schutzcin vor allin freisin
      und deme frefiln unrechte sturin,
845 Di ketzcer und ungloibigin heidin
      und di andirn bosin cristin
     Brengen wolde zcu leidin
      und er keynen gerne fristin.
     So stiez em danne an sine hand
850  der pristir eyn guldin vingirlin
     Daz her darmede worde vormand
      daz her gote hilde di truwe sin.
     Wan dit also waz geschen,
      so wart eme daz gesatzt vor recht
855 Daz her nicht solde uf der straße gen
      ane diner adir ane knecht.
     Deße ritter irhubin sich zcu erst also

noch der aldin buchir sagin
Geseynit von dem babiste Silvestro
860 und von Constantino geslagin.
Dit ist der fromen ritter ordin
und ere der werdin ritterschaft.
Also sint vel forstin ouch ritter wordin
in den der cristingloibe haft.
865 Also had ouch keiser Karl der große
und keiser Henrich von Babinberg
In der heiligin cristinheit schoße
vollinbracht mannig edil werg
Und vel andir konnige und forstin
870 der nicht nod ist hi zcu nennen,
Di sich noch togunden lißin dorstin.
wir sagin von den di wir wol kennen,
Von Doringin landgrafe Lodewig,
sente Elsebethin elichir man,
875 Had gehaldin manchin hertin crig;
dannoch so nam her sich dez an
Daz her in sime nunzcendin jar
in der stad zcu Isenache
In sente Georien kerchin vorwar
880 liez sich zcu eyme ritter mache;
Undir der homeße dit geschach,
eyn bischof seynete eme daz swert,
Mannig edilir man daz anesach.
her vorgab do harnasch und pherd,
885 Czwelf junge ritter mit eme wordin.
wi menlich her eyn forste waz!
So enphing her gotlichin sinen ordin,
an deme achtin tage geschach daz
Sente Petirs und Pauels do,
890 der liebin apostiln beide;
In der cronikin vindit man ez also,
di kan unz dez bescheide.
Nu sehit abir in deßin spigil her
und lernit rechte ritter werdin
895 Und kommit gotlichin vorchtin ner

und den toguntlichin geberdin.
So mogit ir uch baz beschowin
ab uch saldin adir gutis gebricht,
Und di heidenische wise abegehowin
900 und schemit uch cristlichir werke nicht.
Ez solde ouch nymant ritter slahin
danne eyn edeler, fromer ritter
Von deme man mochte lehin enphahin
und deme di untogunt were bitter.
905 Nu werdin ritter in deßin gezcitin
der etzliche nicht vel ere habin
Und nicht getorrin in di torney ritin,
wer wel en der ritter eid nu stabin?

Von den rittern muez ich sprechin vort   18ᵛ
910 der vindit man wol dryerlei
Also ich han gelesin und gehort.
di erstin di geldin nicht eyn ei,
Si habin wedir ere noch gud.
also warin di ritter di daz begingin
915 Daz si vorgoßin Cristus blud
und en an daz cruzce hingin.
Si warin Pilatus dez richters knechte
glich also nu die böthile sint,
Und von unendelichem geslechte
920 und darzcu dez tufilz kint.
Daz prufit man bi der cleidir spel
daz an der femestad geschach,
Wan eris gutis dez waz nicht vel,
der togunde und eren en gebrach.
925 In deßir bosin ritter ordin
gehorin di untoguntlichin man
Di do struthin und ouch mordin
und keyne ere uf erdin han.
Di andirn di ouch ritter wollin sy,
930 di habin von den ediln er lehin;
Ab nu wol er guthir sint fry,
doch si erin ordin nicht wol begehin

Wan sy sint wedir den cristingloibin,
wetwen und weisin si allezcid machin.
935 Sy nerin sich andirs nicht wan mit roibin
und mit andirn unerlichin sachin,                    19ʳ
Wan si vor eyn dorf gerinnen
und nemen armen luthiṇ er vihe
Und lip und gut en angewinnen
940 di bilcher obir meer soldin zcihe.
Di selbin torechtin gecke
laßin da er manheid beschowin
Und werdin ritter obir kuwedrecke,
di armen sy dorch er ketile howin.
945 Nu merkit umme di freidigin degin
wi sy darzcu er ere bewarin,
Wan sy den clostirnunnen enzcegin
und kegin en also rittirlichin varin!
Und ab sy ouch frome cristin sint,
950 di clostir und kerchin wollin vorterbin
Und darmede nerin ere kint
und wollin di schone beerbin!
Wi mogin si er ere bewarin
mit tintin und mit papire
955 Di babist und keiser heißin sparin
und von alleme roibe vire?
Man mag sy wol anschowin
di guldin cleidir tragin an
Dy si von geistlichin jungfrowin
960 also ebinturlichin irvochtin han.
Deße genantin kuweritter                    19ᵛ
di sint noch gar manchirlei:
Ez worde en werlichin wol bitter
retin sy in eynen tornei.
965 Si wordin villichte sere geslagin
von fromen rittern und knechtin
Di vornommen hetten der jungfrowin clagin
und eyn solchis lastir bedechtin.
Di also gar unerlichin roibin
970 und bosis genißis allezcid waldin

Und wedir er truwe noch den gloibin
sundirn dibe und mordir haldin
Mit den si bute und glichin teil nemen,
und cleidin sich schone und tragin golt,
975 Der cleidir mochtin si sich wol schemen
wan god ist en gram und nymant holt.
Der prophete Ysaias der spricht:
sage mir roiber, waz ist din gloibe?
Meynstu daz ouch eyn andir nicht
980 dich wedir moge ouch beroibe?
Von roibe werdit man seldin riche
wan her uf arme luthe geschehit,
Daz gud daz sal em wedir entwiche
und sine kindir werdin gesmehit.
985 Sente Gregorius schribit darvon
in eyme sime meistirbuche
Wi ez darumme werde gethon                    20$^r$
noch deme gotlichin fluche:
Wer nicht mit unrechte wel vorlisin
990 in alle dem dez her beginnet,
Der sal sine narunge uf erdin irkisin
daz her sin gud mit rechte gewinnet.
In dem schadin ez alliz vorterbit
den selbin luthin zcu angesichte
995 Waz man suntlichin und unerlichin irwerbit
daz ez hindinnoch werdit zcu nichte.
Dy dertin ritter sint edil alleyne
di do werdin zcu den gezcitin,
Wan herrin und forstin umme nutz gemeyne
1000 und umme rechte sache stritin
Adir umme eynes landis frede
adir wedir ketzcer adir di heidin
Adir wedir di bosin cristin darmede
di den armen luthin leidin,
1005 Adir ab si zcihin zcu dem heiligin grabe
und laßin sich do zcu ritter seynen;
Vor frome ritter ich deße habe
wan salde und heil mag en begeynen.

Deße ritter werdin recht geslagin
1010 und mogin di cristinheit gezcirin,
Dy andirn halde man vor zcagin,
sy getorrin vor lastir nicht tornirin.     20ᵛ
Er golt daz ist mit kupphir gemengit
daz sy an erin cleidirn tragin;
1015 Wundir ist, daz man ez en vorhengit
di noch keynen erin fragin.
Sullin sy ouch ymande enzcegin
und em di fede vorhen melden,
Wan dan noch er briff ist undir wegin,
1020 so rynnen si gereite in den veldin
Adir bewarin sich an eyner stad
und griffin andirswo di wile zcu;
E danne man den briff gelesin had,
so ist von en geßin di ku.
1025 Dit ist alz er kupphirn golt
do valscheit und untad ligit ynne,
Mit deßin listin wel her Werrebolt
eynes bosin ritters lob gewynne.
Seneca der wiser, fromer lerer
1030 und der edelir romischir ratisman
Der gebit den rittern solche ler
und hebit also zcu sprechin an:
Wiltu dime vinde schadin thu,
so saltu uf keyne boßheit synne;
1035 Gang eme uffinberlichin zcu,
mit keyme valsche en gewynne.
In nymandis schadin biz gekart
und thu also ich dir sage,
Du hast danne dine ere an eme bewart    21ʳ
1040 vorhene dri ganzce tage.
Ist daz du mir dez nu nicht gestest
und beginnest dines dinges unerlich,
Undir fromen rittern du schentlich gest,
vor eynen zcagin heldit man dich.
1045 Vegecius der wel beschribe
wer gud zcu eyme ritter sy

Und darzcu geschickit mit dem libe,
  und retit man sulle en gebin fry:
Eyn elichir geborn ist zcu ritter gud
1050  der mit sime libe get ufgericht
Und had eynen vestin, starkin mud
  und eyn wachindis angesicht.
Ist her an dem libe gesunt
  mit breitin schuldirn und brust,
1055 Had her ouch eynen warhaftigin munt
  und tud alle sine erbeid mit lust,
Ist eme der buch dunne und cleyn,
  di arme lang und maßin dicke,
Lang und starg huffe und bein
1060  und kan sich zcu pherde geschicke,
Nicht zcu große fuße und wadin,
  sine adirn hart und wol gelenke
Und mit fleische nicht obirladin,
  der werdit recht also ich denke.

1065 Zcu der ritterschaft gehorin            21ᵛ
  sibin erliche bisundirn vorteil
Dy den rittern von rechte geborin,
  der wel ich uch bedutin eyn teil.
Daz erste ist daz man eme daz swert
1070  czuteilit mit eyme slage,
Daz tud eyn ritter der dez ist wert,
  und heißit en nicht vorzcage;
So seynit man ez eme darnach.
  ist her eyn gudir cristinman
1075 Und ist em zcu gotis dinste gach,
  so nemmit her sich dez gerne an
Und enphed sin swert mit ynnikeid
  von eynes pristirs handin
Und werdit ez also nicht ummegeleid,
1080  her tregit ez zcwar mit schandin;
Wan her darmede von rechte
  vor di heiligin cristinheid sal
Gothe zcu erin allezcid vechte

und vor wetwen und weisin obiral.
1085 Darumme nemmit her in di hant
    daz gehilzce dem cruzce glich
    Daz em darmede werde bekant
    daz her sal opphirn dorch Cristum sich.
    Ez sprichit sente Augustin
1090  in dem buche von der gotis stad:        22ʳ
    God gebit gnade den rittern sin
    di en vorchtin in allir tad,
    Daz si mit toguntlichin synnen
    in demud mit deme rechtin
1095 Di strite mogin gewynnen
    und menlichin ouch gevechtin.
    In demud had her gesprochin,
    wan wo man stritit hochfertlichin,
    Do ist dez segis vel dicke gebrochin;
1100  der kamph der tud dez selbin glichin.
    In der richter buche stet geschrebin
    daz di von Gabaa zcu eynen gezcitin
    Solche boßheit hattin getrebin
    mit der frowin eynes fromen levitin,
1105 Daz di Israhelischin woldin reche
    und den von Gabaa daz nemen ab,
    Und begundin god darumme bespreche
    der en di loibe obir sy gab.
    Noch glichewol sy den strid vorlorin
1110  den si god zcwer geheißin hatte,
    Er hochfard wart also groz irkorin
    daz ez en an der winnunge schatte.
    Do fletin si gote in großir demud
    und begundin sich besinnen,
1115 Darnach ward er stritin gud,
    god der liez sy do gewinnen.
    Darum ab nu eyn große schar        22ᵛ
    der vinde wedir uch stritin
    Und hochfertlichin kommen dar
1120  und uch frevelich aneritin
    Und er geschrei machin groz

uf daz sy uch irschreckin,
God machit uch allir sorgin loz,
sin gnade kan uch bedeckin.
1125 Ist uwir herzce zcu gote gekart
und sehit dez swertes gehilzce an,
Ir werdit daz obirwindin gelart
wan ez daz cruzce bedutin kan.
Von deme himmel kommit der strit
1130 mit obirwindin und angesegin,
God vorleßit di sinen zcu keyner zcid;
di mit rechte habin gekregin
Und nicht tribin hoen mud
und laßin sich uf er sterke,
1135 Den geschit darvone alliz gud.
daz sal man daran merke:
Goliam den großin, starkin man
mit sime harnasche und stangin
Den eyn heer nicht torste bestan,
1140 czu deme quam David gegangin
Mit eyner slenkirn und sime steckin
und warf en tod mit eyme steyne     23$^r$
Do her eme sach di sternen bleckin;
dit ted her und waz noch kleyne
1145 Und brachte di heidin alle zcu flucht
di mit dem here do lagin zcu velde,
Si vilin in eyne vorzcagete sucht
und rumetin er gezcelde.
Dez selbin glichin ted Josue
1150 der di resin darnedir slug,
Und ouch Judas genant Machabe
di god zcu stritin machte clug.
Deße dri ritter itzcunt genant
sint undir den Judin di bestin,
1155 Si habin gewunnen luthe und lant
und starke gemurete vestin.
O werdir ritter sich dit nu an!
hastu y zcu keynen stundin
Gevochtin adir hartin strid getan

1160  und hast nicht obirwundin,
      Daz had gehindirt din hochfart
      adir di frevele, unrechte sache
      Und hast dich kegin gote nicht bewart
      der dich starg kunde gemache.
1165  Wer sich uf sine jogunt und sterke
      und harnasch alzcu sere wigit,
      An deme sal man daz wole merke
      daz her ebinturlichin krigit.           23<sup>v</sup>
      Und were ouch, daz Cristus lare
1170  di strite und vechtin hette vorbothin,
      So hette her nicht also uffinbare
      gesagit den rittern di en bothin
      Daz her en gebe sinen rad
      wi si ouch daz ewige lebin
1175  Soldin vordinen mit ere tad,
      der rad wart en also gegebin:
      Si soldin nymandin vorterbin
      der en nicht obilz hette getan
      An libe, an gute adir an erbin,
1180  her were danne eyn ungloibigir man.
      Si soldin en laßin gnugin
      an er zcinsin und gefellin
      Und frede den armen luthin fugin
      und keyne gewalt obir si stellin,
1185  Dy arme luthe nicht beroibin
      noch worgin adir beschatzcin
      Di do hettin den cristingloibin,
      und mit wuchere zcucratzcin.
      Si soldin nemen erin sold
1190  und mit den forstin ritin,
      Den rechtin sachin wesin hold
      und uf daz selbe ouch stritin.
      Hirynne vorbutit Cristus nicht
      daz man di swert nicht sulle bederben;  24<sup>r</sup>
1195  Man sulle nymandin, also her spricht,
      czu unrechte vorterben.
      Dem ritter gebit man ouch daz swert

daz her sulle sturen bosin sundin
Wo her kan, dez ist her wol wert,
1200 undir den vindin adir den frundin.
Bistu nu eyn fromer cristinman,
spricht ouch sente Augustin,
So nem dich cristlichir werke an
und laz den falschin namen lin.
1205 Waz fromit ez daz man dich nennit
eynen rechtin fromen cristin,
Wan man din lebin irkennit
mit suntlichin, bosin listin?
Lustit dich zcu habin den cristinnamen,
1210 so sich ebin ane din swert
Und hab kegin gudin werkin nicht schamen,
so bistu kegin gote eyn ritter wert.
Daz swert werdit eyme ritter gegebin,
also spricht meistir Cassiodorus,
1215 Daz her darnach fure sin lebin
und ez nicht trage ummesus.
Eyn jungir ritter der sal gerne
czu deme schimphe ritin
Und sal mit sime swerte lerne
1220 beide vechtin und ouch stritin. 24ᵛ
Ist daz man dit vor nicht obirspelit,
wan man ez dan zcu nod sal han
Und sich mit deme vechtin quelit,
so werdit ez unendelich getan.
1225 Di wile daz man mußig gehit,
so lerne man der ubunge gnug;
Beitit man biz sin nod geschehit,
so kan man sin obil werdin clug.
Wi kan eyn unversuchtir man
1230 der glich ist eyme jungin welffe
Und der wise darzcu nicht kan,
mit dem swerte sich behelffe?
Di aldin ritter sullin en lerin
di do sint der liste vol,
1235 Wan sich dez jungin jar gemerin,

daz her sich kunne behelffin wol.
Nu sich abir daz gehilzce an
daz du heldist in diner hant,
Und lerne gotis vorchte han;
1240 daz cruzce machit dir daz bekant.
Alfocius der meistir dich daz lerit:
in allin dingin di du antribist,
Wiltu danne blibin unbeswerit,
daz du daz cruzce vor dich schribist.

1245 Craft und macht wel god gebin      25ʳ
sinen gloibigin, fromen ritterin
Dy do furin eyn cristlichis lebin,
man sal sy allezcid gerne erin.
Man gebit eyme ritter daz vingirlin
1250 von golde und edilme gesteyne;
Dit mag daz andir cleynot sin
daz ich an eme ouch meyne.
Daz vingirlin ist alumme zcu,
sin ring der had keyn ende.
1255 Dez ritters truwe bedutit ez nu,
di sal ouch nergin wende.
Daruffe stet eyn edilir steyn,
daz ist der cristingloibe.
Kegin gothe sy di truwe reyn
1260 und laße sich der nicht beroibe.
Der steyn ist edil und ist ture
und ist luttir und gar veste,
Her vorbornit nicht in dem fure.
deße truwe ist di allirbeste
1265 Dy eyn fromer ritter haldin sal
kegin gothe und der cristinheid
Und nummer gethun den abefal
wedir dorch liebe adir dorch leid.
Sine sele und sine ere
1270 sal her vor nymandin setzcin,      25ᵛ
Den cristingloibin ouch mere
und di ungloibigin vorletzcin.

Dorchluttir und ouch reyne
sal dez ritters gloibe blibin
1275 Und veste also di ediln steyne
und keynen bosin gloibin tribin.
Keyn edeler, beßir steyn uf erdin,
sprichit sente Augustin,
Noch richir schatz mag gewerdin
1280 danne der gloibe mag gesin.
Sin craft di machit di sele gesunt
und di blindin daz si sehin,
Di totin lebunde ouch zcustunt
und di lamen daz si gehin.
1285 Di crankin her ouch sterkit
und machit di toubin daz si horin,
Den bosin menschin daz her gud werkit;
di sunder kan her ouch vorstorin,
Her brengit en di herzce zcu ruwin
1290 und machit di ungerechtin recht;
Her machit frome den ungetruwin
der vor ouch waz dez tufilz knecht.
Her cronit di rechtin mertelere
di gerne dorch god uf erdin lidin,
1295 Und brengit si in große ere
ab si dorch god zcu rechte stridin.        26ʳ
Her beheldit di pristir und ritterschaft
in erin und ouch in werdin.
Wo ist der steyn der solche kraft
1300   y großir gewunne uf erdin?
Keyn ding daz weichit also swinde
dez cristingloibin vestikeid
Also daz her stetin frede vinde
und von den ketzcern nicht lide leid
1305 Adir von den snodin heidin
di en stetlichin vechtin an;
Von deßin selbin beidin
di cristin er obirwindin han.
Wan daz fuer stille lid
1310   daz man ez nicht blesit noch tribit

Mit den belgin zcu allir zcid,
ane große hitzce ez blibit;
Nu mußin wir darzcu habe
blasbelge und di wedele.
1315 Di phaffin legin den ketzcern abe,
den heidin di ritter edele.
Johannes mit dem guldin munde
had unz also beschrebin:
Phaffin und ritter sint Cristus hunde
1320 mit den sine vinde werdin vortrebin;
Di ketzcer tilgin di phaffin gerne,
di heidin der cristin edilluthe.                    26ᵛ
Hirynne mag man daz wol lerne
waz obilz unz daz selbe beduthe.
1325 Hindirtin di phaffin di ketzcir nicht,
so hettin si erin ganzcin willin.
Wan der ritter numme vicht,
wer kan di heidin danne gestillin?
Hettin di roibischen wolffe frede
1330 vor den hertin und den hundin,
Sy begingin sich also darmede
daz wenig schaffe wordin fundin.
Dit ist der steyn und daz vingirlin,
beide di ritter und di phaffin
1335 Di bi eynandir suldin sin
also si god darzcu had geschaffin.
Daz golt dez menschin herzce sterkit,
spricht der meistirarczt Avicenna,
Daz ez große ding von naturin werkit,
1340 dez ritters vingir sal ez enpha.
Darum ez der goltvingir tregit
wan sin adir zcu dem herzcin gehit,
Dez herzcin craft ez bewegit
daz der pulz mechticlichin slehit.
1345 Dit bedutit abir dez ritters truwe
und ist siner ere eyn schonis phant,
Nummer sal en daz geruwe
waz her globit mit der hant.                         27ʳ

Daz vingirlin sal en vormane
1350 allir siner ere und gudir tete
Also dicke also her ez sehit ane,
daz her sine truwe halde stete.
Der lerer Cassiodorus spricht:
du salt in alle dime lebin
1355 Dine truwe und globede nicht
in keyner wise begebin.
Do vindit der ritter danne ynne
sine hulffe und sine sterke
Daz her dez bestin begynne
1360 und di togunde gerne werke.
Also nu der edelir steyn ist herte,
schone und dorchsichtig,
Also sal nu sin dez ritters geferte
gestrenge, toguntsam und uzrichtig,
1365 Ouch veste darzcu in sime muthe,
senftmutig in alle sime lebin,
Ouch milde mit sime guthe,
abir ane nutz ouch nicht uzgebin.
Her sal weich sin also daz luttir golt
1370 wer sich mit em wel sune,
Den bosin nummer werdin holt,
so ist her wise und kune.
Wer den sinen ist zcu herte
und ungudlich zcu allir zcid,                    27ᵛ
1375 Der had an eme eyn bose geferte,
sin adil in dem drecke lid.
Der ritter sal nicht eyn lewe si
kegin sime huezgesinde
Di em nacht und tag wonen bi,
1380 her mochte sy ungetruwe vinde.
Her sal sy ouch nicht zcu zcertlich zcihe,
si mochtin sich daruf laße
Und sine undirtenikeid flihe;
her rame der rechtin maße.
1385 Di wißheit nemmit zcu er nicht
den ediln mit sinen sachin

Sundirn den menschin zcu dem si phlicht,
den kan sy wol edil gemachin.
Dy wißheit keynen man vorsmet,
1390 nymandin sy ouch irwelit;
Wer er mit fliße recht nachget,
dez hulffe si nicht vorvelit.
Dy sele sy gar edil machit,
daz gemute sy reyne smedit,
1395 Dez libis togunt si vorsachit,
vor schadin si befredit.
Deßis dich alz daz vingerlin
an diner hant vormane;
Wiltu eyn fromer ritter sin,
1400 so gedenke dicke darane!

Eynen fromen knecht der ritter habe,  28<sup>r</sup>
dit stucke ist nu daz derte,
Von eyner sundirlichin gabe
czu alle sime geferte
1405 Also eme geborit noch siner gebort
czu deme meistin teile,
Also ir vor wol had gehort
von dez schonen adils heile,
Daz von togundin ist kommen zcu,
1410 von freidikeid und von sterke
Und daz erbit uf ere kindir nu
ab si kunnen darnach gewerke.
Welche abir habin dez synnes nicht,
so hilffit er sterke gar cleyne;
1415 Wan en der redelichkeid gebricht,
so gen sy wole alleyne.
Aristoteles der meistir schribit
daz dez menschin sele vel edeler si
Dan der lip; waz her ouch tribit,
1420 daz muez sere an der sele li.
Dez glichit her den licham
eyme crankmutigin wibe
Der do muez in dem gehorsam

sines geistis allezcid blibe.
1425 Der geist ist glich also eyn man
und gebutit waz man sulle thu,
Der lip dowedir nicht enkan,                    28ᵛ
her muez dem geiste dinen darzcu.
Had nu der geist di redelichkeid
1430  also daz her ordinlichin weldit,
Ab daz deme libe wol ist leid,
daz adil her eme beheldit.
Also werden di lichamme von den geisten
czu herschaft ufgezcogin;
1435 Wan sy dez ratis nicht mogin geleisten,
so sint sy beide darmede betrogin.
Sente Jheronimus der spricht:
also ich daz rechte kan vorste,
So ist in dem wertlichin adil nicht
1440  uf deßir erdin gutis me.
Wan di ediln sint vorbundin von nod
e danne sy tretin von fromikeit,
Sy gingin vel er in erin tod
adir ledin darumme gar großis leid.
1445 Eyn edeler den ediln volgin muz
mit togundin und mit sethin;
Waz eyn andir tede wol ummesuz,
dez muez man en gutlichin bethin.
Eyn cleyne schande en beswerit
1450  verre me danne eynen andirn man;
Daz man eyme andirn nicht vorkerit,
do had her sere an missetan.
Tud her eyne boßheit adir eyne untad,    29ʳ
so ist sin adil darvon vortorbin.
1455 Man spricht danne sin muthir di had
villichte en boßlichin irworbin.
Were her eynes ediln mannes kint,
her hette ouch edellichin getan;
Nu had man an em gemerkit sint
1460  ez enist em nicht geborin an.
Dez libis adil ist gar gud

noch deme zcidlichin guthe,
Abir vel beßir ist waz man tud
noch eyme ediln muthe.
1465 Eyn awisiger, tummer edilman
    der sich keynerlei dingis schemit,
    Ist eyme gekronetin esel glich getan
    der den hundin ist vorfemit.
    Waz fromit eyme sin edil gebort
1470  mit bosin, geburischin setin
    Der wedir wise furit noch di wort
    glimphlich an keynen stetin?
    Waz schadit ouch eyme geburis art
    der redeliche wise und worte kan
1475 Und ist vorstandin und wol gelart?
    der ist wol eyn rechtir edelir man!
    Wer sich siner eldirn ouch rumit
    daz si riche und gar edil warin,
    Sin adil her darmede vortumit                    29ᵛ
1480  und wel sin lastir uffinbarin.
    Der heiligir bischof sente German
    umme dez konnigis missetad
    Czu Britanien den wisete her von dan
    und satzte eynen hertin an sine stad
1485 Der frome waz von naturin,
    wise, gotfortig und milde
    Und wisete den konnig zcu den geburin;
    dit laßit uch allen sin eyn bilde!
    Vel beßir ist ez uf deßir erdin
1490  von eyme armen, demutigin geslechte
    Czu eyme herrin adir ritter zcu werdin
    danne von eyme herrin zcu eyme knechte,
    Adir daz gar eyn edelir man
    mit unzcucht daz irworbe,
1495 Daz man eme di ere gewunne an
    und an dem gute vortorbe.
    Konnig Nero und ouch Pilatus
    und Julianus der ketzcer habin
    Eris richtumes und adilz alsus

1500   gar schemelichin enzcabin.
      Waz adils mochte mit en gesy?
      eyn lestirlich lebin sy trebin
      Und warin großir schelke dry,
      daz stet von en geschrebin.
1505 Eyn meistir heißit Boecius,          30ʳ
      der ist schoner kunste vol,
      Der sprichit eynen spruch alsus
      den mogit ir vornemen wol:
      Daz adil ist eyn lobelichir wan
1510   und ist eyn fremmede clarheit
      Den di fromen luthe vordinet han,
      und hastu dez nicht in wahrheit,
      So machit ez dich nicht gud darzcu;
      ist daz dir der togunde gebricht
1515 Und daz du ouch edellichin mogist getu,
      so hilffit dich diner eldirn adil nicht.
      Alle luthe uf deßeme ertriche
      di sint kommen von eyner gebort
      Und si warin mit dem adil gliche
1520   also ir hi vor had gehort.
      Darumme dir nicht kunnen gegebin
      dine eldirn eyn schonis adil;
      Furistu eyn bosis, schentlichis lebin,
      ez werdit dir zcu eyme zcadil.
1525 Ez spricht ouch sente Jheronimus
      der großir, heiligir lerer
      Von den ediln luthin alsus,
      wan her ist der togunde merer:
      Manchir wel uf dem ertriche
1530   vor andirn luthin edil sy
      Und meinit daz nymant si sin gliche,     30ᵛ
      und ist doch nicht dez tufilz fry;
      Wan her dinit eme zcu rechte
      mit sime suntlichin lebin
1535 Glich noch eyme eigin knechte
      stetlichin ane wedirstrebin.
      Waz adilz mag danne der gehabe

der mit libe und sele ist eigin
Und em alle friheit get abe
1540 und di sunde en gar irsteigin?
Keyn großirs unadil uf deßir erdin
mag sich obir eynen gemerin
Danne wer noch sinen bosin begerdin
den tufil had zcu eyme herrin.
1545 Der ist alleyne edil und fry
der do had eynen solchin mud
Daz her nicht undirtenig wel sy
der untogunt umme keynerlei gud.
Der sal ouch danne von rechte
1550 wan her eyn ritter ist wordin,
Eme laßin volgin di knechte;
daz heldit danne wol sinen ordin.
Czu dem mynstin habe her eynen knecht
der sin stetlichin warte,
1555 Uf daz her togunthaftig si und gerecht
und in zcucht sich halde harte,
Sich hute vor der trunkinheit;                31ʳ
dez sal en sin knecht vormane
Czu togundin und zcu barmeherzcikeid,
1560 do lit alz sin adil sere ane.
Solde eyn ritter tragin sin swert
und ginge danne alleyne,
So achtit man en eynes bothils wert,
den ist ouch eyn swert gemeyne.
1565 Sin knecht der sal ez eme nach trage
und stetlichin bi eme blibe
Und der sal ouch nicht sin eyn zcage
noch keynen frevil tribe.
Her were em blode nicht nutzce
1570 und frevil so machte her gewerre;
Der blodir konde en nicht geschutzce,
der frevelir were em beßir verre.
Nicht vorletzce dinen knecht
der vornunftig ist und getruwe darbi;
1575 Dinet her dir wole und tud recht,

der sal dir also din sele lieb si.
Du salt en in keyner wise betrigin
hastu dinen nutz an eme gesen,
Und eme sinen dinst abeligin
1580 und laz en nicht arm vordir gen.
Dit ist daz derte vorteil nu
daz eyme ritter geborit zcu.

Bilche tregit der ritter an eme golt      31ᵛ
und spangin an sime gewande;
1585 Di luthe werdin em bilche holt
wan her nicht ubit schande.
Ez spricht der meistir Rasis:
daz golt wechsit von der sunnen;
Eyn iclichir planete, dez bez gewis,
1590 had eynes erzcis begunnen.
Di sunne daz golt uzwerkit,
der mand daz silbir also fin,
Venus daz zcen, dit merkit;
Saturnus meynet kupphir si sin,
1595 Mars daz isin und den stael hart
und Jupiter daz weiche bli,
Mercurius von siner art
wel herre obir quecsilbir si.
Nu ist der edilstir planete
1600 di sunne mit erme golde
Daz ich nu an deßim gerete
ouch vordir lobin solde.
Ez leßit sich also dunne tribin
daz man ez umme fadin spinnet.
1605 Eyn ritter sal also frome blibin
daz man en lieb gewinnet.
Gedult und schone wißheit
wo di zcusammen werdin gewerkit,
Daz bedutit wol eyn guldin cleit,      32ʳ
1610 deße bedutunge ebin merkit.
Di schrift lobit Daviden sere
umme sine manheit und gedult

Und sagit daz her eyn holczworm were;
  deme gebit man solchir nature schult
1615 Daz her also gar weich sy
  wanne man en lose griffit an,
  Daz her zcufare also eyn bry
  und dez nicht wole irlidin kan.
  Noch so ist keyn eichinholcz
1620 also herte noch also veste
  Her si mit bißin also stolcz
  daz her zcubricht di este.
  Ez waz der genantir konnig David
  also barmeherzcig und gutig
1625 Wer eme flete, dem wart sin nyd
  geduldig und gar senftmutig
  Und wer em drowete und waz gram,
  deme wart her also herte
  Daz her em lip und gud genam,
1630 er keyner sich dez irwerte.
  Dit ist nu daz guldin gewant
  daz eyn ritter sal antragin,
  Also daz her sich irbarme zcuhant
  wan eme di armen clagin,        32ᵛ
1635 Und den vorgebe ere schult
  di eme gutlichin flehin,
  Und sich ouch reche mit ungeduld
  an den di eme wedirstehin.
  Dit bedutit ouch daz cleid
1640 daz edele und daz guthe
  Daz her gotis liebe treid
  stetlichin in sime muthe.
  Wan wer do gotis liebe had,
  der vorchtit en zcu allir zcid
1645 Und vorgißit sin nicht an keyner stad
  wi ez eme ouch darumme lid.
  Ganzcin gloibin sal her zcu eme han
  daz her nicht vorlaße sinen knecht;
  Keyn vint em danne geschadin kan
1650 wan got ist barmeherzcig und gerecht.

God ist di hoeste clarheit
  und ist ouch daz hoeste gud,
Her ist di hoeste warheid
  und belonit waz man eme tud.
1655 Her heldit di hoestin milde,
    darum so dinet em gerne
Und nemit hirbi eyn bilde,
    siner gnade ist nicht zcu enperne.
Nu scheme dich waz obil ist getan,
1660  sin lob wit uzbreite               33ʳ
Und sich dine guldin spangin an,
    czu dinste dich eme bereite.
Di ere had her dir gegebin,
    du hast sy von dir selbir nicht;
1665 Eyn andir had dicke eyn hertir lebin
    deme diner werdikeit gebricht.
Ez sprichit meistir Albracht
    von dem ediln golde mere
Daz sin naturliche macht
1670  sy weich und darzcu swere;
Und ist ez ungemengit blebin,
    So leßit ez sin clingin.
Also had ouch Plinius geschrebin
    von den selbin dingin,
1675 Wi ez in deme fure beste
    gancz gar mit sime gewichte,
Daz sin darvone nicht abege
    und daz ez ouch mit nichte
Der rost vorzcere wo ez lid
1680  in dem waßir adir in der erdin.
Also sal eyn ritter zcu allir zcid
    deme golde geglichit werdin.
Dez herzcin rost daz ist der haz
    wan her sich nicht kan gerechin,
1685 Den sal her vordruckin baz
    und den bosin willin brechin         33ᵛ
Und dez gebin keynen lud,
    mit obilsprechin slet man daran.

Di gedult ist gar eyn edil crud
1690 wer ez wol vordowin kan.
In dez crigis ebinture
sal sin manheid nicht abenemen
Also daz golt tud in deme fure,
di swerin sethe eme wol zcemen.
1695 Wo man vorgulte spangin macht,
daz golt man uf daz silbir sled.
Di wißheit werdit hirane geacht
di eyn fromer ritter enphed.
Ez spricht meistir Albracht
1700 und werdit in warheid fundin:
Wan man vorgulte spangin macht,
so muez man zcu den stundin
Drierlei gar wol bewar
wan man ez mit dem hamir slet,
1705 Daz der keynes komme dar,
daz silbir sin andirs nicht enphet:
Daz sint der stoub und der wint
und darzcu daz naße;
Wo deße dri darmede sint,
1710 do kan ez keyn golt gevaße.
Also ist ez werlich ouch getan
umme di ediln, zcartin wißheid.                    34ʳ
Keyn mensche di gevaßin kan
der vol steckit der girheid
1715 Di sich deme stoube wol glichit
der mit fußin werdit getretin;
Ab wol di girheit etzwaz wichit,
noch tregit sy lastir in erin retin.
Waz ist nutzce di erbeid
1720 der man wedir god begynnet?
Sy brengit sorge und ouch leid,
er gud snellichin zcurynnet.
Ez machit dicke di girheid
daz man gotis wenig acht
1725 Und lip und sele werdin hen geleid
und daz di ere darzcu swacht.

Daz andir daz di wißheit vorterbit,
  daz ist der wint der hochfart;
Dy had nu di erbarn luthe beerbit
1730  daz er wißheit sere ist vorkart.
Mit hochfart werdit man nicht edil,
  mit hochfart ouch nicht riche,
Di hochfart ist der torheid wedil,
  arme hochfard ist bubin gliche.
1735 Wan sich schemit eyn armer man
  daz her nymande dinen wel
Und wel lieber gebrechin han,
  daz ist der geckerie spel.         
Ez sundirt ouch di fuchtikeid
1740  daz silbir von deme golde;
Also tud di unzcemeliche unkuscheid,
  di gebit eyme ritter zcu solde
Daz her sele, ere und lip
  und alle wißheit di her kan,
1745 Begebit dorch eyn snodis wip
  und werdit zcu eyme ruffian.
Deße dri vorterbin vel
  stolzcir jungin und und fromer degin:
Hochfard, hure und worffilspel,
1750  daz si der torheit phlegin.
Salomon spricht: di gewaldigin stule
  do di hochfertigin uffe sitzcin schone,
Di kan god gar schere umme gewule
  und andir luthe darmede belone.
1755 Darum so werdit ez dicke gesehin
  daz ere sloz und ere gerichte
Und er geslechte zcu grunde vorgehin
  und werdin gancz zcu nichte.
Gud win und schone frowin han
1760  manchin wisin man zcu torin gemacht.
Der worffil daz ouch vel wol kan
  daz man der sele noch der ere nicht acht.
Dit ist daz ferde stucke
  daz eynen ritter sal smucke.

1765  Obir eynes ritters licham           35<sup>r</sup>
     geborit sich wol eyn buntis cleid.
     Ez bedutit daz her si boßheit gram
     und habe lieb di fromikeid
     Und sich von bosir geselschaft zcihe
1770   wo her moge adir kunne,
     Und schande und ouch lastir flihe,
     den fromen ouch gutis gunne.
     Dit rurit meistir Socrates
     do her spricht: du fromir man
1775  Du salt dich allezcid besinnen des
     wan dich icht großis vichtit an,
     So laz bose luthe bose sin
     und gehald dich zcu den fromen;
     Er gewerb do brich dich nicht in,
1780   ez mochte dir zcu schadin komin.
     Fremmedir luthe bose sache
     di laz sy alleyne uztragin,
     Du mochtist sy andirs dir eigin mache,
     keynen dang kanstu bejagin.
1785  Aristotiles ouch also spricht
     daz eynen toguntsammen man
     Machit eyn togunt alleyne nicht
     di her ubit und tribit an.
     Eyn swalbe ouch nicht brengit
1790   den lenzcin wan sy kommit geflogin,    35<sup>v</sup>
     Ein togunt ouch nicht alleyne vorhengit
     daz eyner in wißheit werdit gezcogin,
     Noch den sommir brengit eyn warmer tag
     adir zcwene adir dry,
1795  Sundirn wan der vele gesin mag,
     so sal ez danne eyn sommer sy.
     Eyn varwe nicht alleyne vorhengit,
     daz eyn korße geheißin sy bunt,
     Sundirn grau in daz wiße gemengit
1800   also daz zcu Norweyen wol ist kunt.
     Wanne vele swalbin kommen
     von dem sudin her geflogin,

So werdit der lenzce vornommen,
   dez sint wir danne unbetrogin.
1805 Vele kunste und behendikeid
   di machin eynen wisin man.
An wen vel togunde sint geleid,
   der tregit bilche bunte cleidir an.
Dez sal eyn ritter vel togunde habe
1810 wel her toguntsam sin genant,
Und an den erin ouch nicht snabe,
   so werdit bunt al sin gewant.
Der selbe meistir also spricht:
   dy togunt in eyme mittil stehit.
1815 Daz vorsten ouch vele luthe nicht      36ʳ
   wan en nicht uzlegunge geschehit.
Allir gudin werke der eyn man
   uf deßir erdin begynnet,
Sal do hangin togunt an,
1820  so ist nod daz her besynnet
Wi her gefure eyn rechtis zcel
   und halde dez rechte maße
Und enthu sin zcu wenig noch zcu vel
   kan her ez andirs nicht gelaße.
1825 Glich also di schutzcin schißin
   czu eyme zcele an eyne want,
Also mag her der togunt genißin
   weme rechte maße ist bekant.
Eyner schußit do pobir ho,
1830  der andir schußit dar undir,
Der derte zcu den sitin do
   und dit daz ist keyn wundir.
Also ist ez umme eyn werg getan
   do di rechte togunt ane lid:
1835 Czu wenig, zcu vel wel ez nicht han
   und wer darmede get besid.
Ist eyner alzcu milde,
   der heißit obirgiftig;
Deme ist di togunt dannoch wilde,
1840  dez zcelis ist her noch nicht triftig.    36ᵛ

Waz her danne gutis vorgebit,
   dez had her werlichin keynen dang;
Ab her sich dez wol vorhebit,
   so ist di togunt doch zcu crang.
1845 Wer do gebit ane maße
   und do her nicht gebin sal,
Der mochte ez vel liebir laße
   wan gutis und dankis werdit her kal
Glich ouch also eyn buntis vel
1850  daz sine har had vorlorn,
Kommit von sime nutzce snel
   und had di werdikeid vorkorn.
Gebit her danne zcu cleyne,
   so nennen en di luthe karg.
1855 Daz ist abir der untogunt eyne
   und di ist ouch eyn lastir starg;
Der triffit aber dez mittils nicht
   sundirn blibit alz darhindir,
Siner gabe togunt eme gebricht
1860  und missetud danne swindir.
Her entheldit do her solde gebin,
   und di luthe werdin eme gram;
Her kan dez nicht geramen ebin,
   her muez darvone lidin scham.       37ʳ
1865 Wer do gebit do her gebin sal,
   und heldit do her sal haldin,
Und weiz dez zcid und stunde obiral
   und wi her dez sal waldin,
Der triffit daz mittil und daz zcel
1870  und kan daz lastir uzgescheide;
Wan wez zcu wenig ist und zcu vel,
   di zcwei sint lastir ouch beide.
Wer zcwene adir dry loiffit an
   di em sint unglich ane libis nod,
1875 Der heißit danne eyn tummer man
   und suchit torlichin sinen tod.
Wer sinen glichin fluhit
   und getar sich eme nicht werin,

Sin herzce sich blodiclichin schuhit
1880 und wel sich nicht irnerin.
Der abir had eynen solchin mud
daz her sinen glichin tar bestehin
Und in nötin vordir were tud,
der heißit kune, dez muez ich jehin.
1885 Also ist ez ouch mit andirn dingin,
welchirlei di namen han,
Do sal man noch deme mittil ringin
so man allirmeiste kan.
Seneca der wisir Romer spricht       37ᵛ
1890  von der ediln, schonen togunt
Di toge ane den fliz ouch nicht,
man muez si ubin von jogunt;
Wan man nicht flißis darzcu had,
so werit sy nicht lange zcid;
1895 Si vellit in eyne bose tad,
er schones cleid also gelid.
Di togunt werdit swerlichin fundin,
abir schalgheit lernit man schere.
Togunt had maße zcu allin stundin,
1900  untogunt darf man nymandin lere.
Di togunt wel eynen furer han
und daz mag wol sin di wißheid
Di si wole uzgerichtin kan
daz gar bunt werdit er cleid.
1905 Der ist riche und selig nicht
den di lute selig nennen,
Von selikeid ouch manchir spricht
der si wenig kan irkennen;
Sundirn der ist selig der togunde had
1910  gesamment wol in sime muthe
Und furit di wort und ouch di tad
wi geringe her si von guthe.

Recht ist ez und gar bilch darzcu       38ʳ
daz man en herre nennit,
1915 Her sal ouch also herlichin thu

daz man sine ritterschaft irkennit.
Herre ist eyn name gud
wan ouch gud ist sin lebin.
Edil nennit man sin blud
1920 und sin herzce, merkit dit ebin.
Man sprichit nicht: du edilz hoibit,
edele fuße, arme und hende
Czu sprechin ist daz nicht irloibit
wi doch deße gelede sint genende.
1925 Man sprichit nicht: du edele hued,
buch, fleisch und ouch gebeyne;
Daz blud und herzce habin den lued,
dez andirn vorgißit man reyne.
Daz adil daz der licham tregit,
1930 daz ist gesuntheit und schone gestalt
Und di jogunt di en bewegit,
und daz her starg ist und balt.
Dez libis adil adilt also nicht
und had dez ouch keyne ere,
1935 Deme licham dez zcuhant gebricht
wan ez sich beginnet kere.
Ane sinen dang so werdit eyn man
beide sich, crang und ungestalt;  38ᵛ
Ane dang di ere nymant kan
1940 vorlisen her si jung adir alt.
Worum man abir daz adil zcu
lege dem herzcin und dem blute
Daz muez ich uch sagin nu:
di sele had darynne er hute.
1945 In deme blute steckit der geist,
god had ez selbir gesprochin;
In dem herzcin wonit her allirmeist
biz daz ez werdit gebrochin.
Daz erste daz sin lebin gewinnet
1950 daz ist dez menschin herzce
Und wan her dez todis beginnet,
so ist do ouch der leste smerzce.
Dit ist eyn zceichin wi daz adil

kommit von der sele dar
1955 Und nicht von dez libis dradil
noch allir wisin meistir lar.
Wile nu daz adil kommit her
von der sele und nicht deme libe,
So besinnet und betrachtit dit ner
1960 weme ir ez sullit zcuschribe.
Man nennit eynen ritter herre
nicht umme sin gelis, crusis har;
Man irbutit eme solche ere         39ʳ
umme sine togunde, daz ist war.
1965 Und ist her danne untoguntsam,
man erit en wol und meynit sin nicht,
Wan frome luthe di sint em gram
und haldin en also eynen bosin wicht.
Waz lobis mag em daz gesi
1970 wan man en darmede honit
Und man em hindirwert gebit phi,
daz man vor eme beschonit.
Seneca der spricht darvon:
eyn schonir licham machit nicht gud
1975 Eynen man noch myme won
hat her nicht eynen fromen mud.
Ist abir sin sele togunde vol
und had der vele begangin,
So ist sin licham gezcirit wol
1980 und had schones adil enphangin.
Ez schadit eyme ediln manne nicht
ab her ist swarcz und obil gestalt,
Wan em der togunde nicht enpricht
so ist sin ere gar mannigvalt.
1985 Der selbe meistir ouch lerit
wi di ediln sullin gebarin
Daz sy zcu rechte werdin geerit
und nicht lestirlichin varin:         39ᵛ
In sime huse si her frolich,
1990 nicht also eyn bere her brymme,
Daz zcirit sine sethe gar holich,

nicht gremelich sy sin stymme,
Mit sime gesinde kort sin zcorn
und mit senftin, ernstin wortin
1995 Ane scheldin und ungesworn
so brenge her sy zcu fortin.
Hobisch sal man uf der straße sin,
di luthe grußin, en sprechin zcu
Und gebin eynen fruntlichin schin
2000 und in allin dingin daz beste thu,
Czu der kerchin gerne gen,
gotis dinst ungerne vorsumen,
Vor eme in großir demud sten
und er deme ende nicht rumen.
2005 Kommit her danne zcu velde
gegangin adir geretin,
Sin manheid sal sich melde
daz wole do werde gestretin.
Nu lobe eynes fromen ritters lebin
2010 mit deme daz sin sele had
Daz eme eyn andir nicht mag gegebin,
daz ist eyne toguntliche tad!
Nicht sin huez noch sin cleid
noch sine schonen pherde,                    40ʳ
2015 Sundirn sin togunt und redelichkeid
di machin sinen namen werde.
Lobistu, spricht Plato, eynen man
daz her kommen si von ritters slacht,
Daz her edil sy und nicht undirtan,
2020 dez lobis werdit wenig geacht;
Also lobistu sine eldirn und en nicht.
lobistu danne sinen richtum,
Daz ist sin glucke, dannoch em gebricht
dez rechtin lobis, der werdikeid rum.
2025 Lobistu en frisch und ouch geil,
di krangheit benemmit em schere daz
Und der subirlichkeid enteil,
daz aldir tud uf erdin nicht baz.
Lobistu en her si gesunt und starg

2030  und freidig an deme libe,
      Ez mag mit eme wol werdin arg
      wan her vel unfur tribe.
      Lobistu danne sin rithin und stechin
      und sin freidigis tornirin,
2035 Ez gewinnet wole den gebrechin
      wan di crefte en numme zcirin;
      Deße gehorin alle dem libe zcu,
      also ich vor habe gesprochin,
      Sy mogin nicht edellichin gethu      **40ᵛ**
2040 ist en di mogunt gebrochin.
      Lobistu en her sy toguntsam,
      vornunftig und darzcu wise
      Und sy den bosin luthin gram,
      alrest saltu en prise.
2045 Ist her danne von gudir ard
      und veste in dem gudin synne
      Und zcu gotlichin dingin gekard
      und daz her gotis hulde gewynne,
      Milde, kune, frolich und gutig
2050 (dit gehorit alliz der sele zcu),
      Wise, fruntlich, warhaftig, demutig
      alrest ist her gelobit nu.
      Eyn guldin zcoim der machit eyn phert
      nicht beßir danne ez vor waz,
2055 Also tud ouch eynen ritter wert
      sin cleid, sin togunt zcirit en baz.
      Dit ist nu daz sechste vorteil
      daz eyn fromer ritter had
      Daz man en lobit dorch sin heil
2060 und heißit en herre an allir stad;
      Nicht von sime geslechte,
      sundirn von eigener fromikeid.
      So stet sin lob zcu rechte
      und sin name werdit groz und breit.

2065 Geb waßir noch deme tische      **41ʳ**
      dem fromen ritter obir sine hant,

An eyne reyne twelin her sich wische.
  bi deßeme stucke si eme bekant
Daz sibinde vorteil und di ere
2070  di eme werdit bilche gegebin.
An keyne bose wip her sich kere
  und volge deme rechtin elichin lebin.
Sine hende wasche her reyne
  von bosir girheid und unkuscheid
2075 Di nicht der sele schadin alleyne,
  sundirn tun dem libe und den erin leid.
Nymandin sal her beroibin
  der sines crigis nicht zcu schickin had,
Ez ist wedir den cristingloibin
2080  und siner sele werdit nicht rad.
Darvon spricht sente Augustin:
  e danne der roiber etzwaz gewinnet,
So muez her selber vorlorin sin
  und ouch e her dez beginnet
2085 Daz her eynen unschuldigin vehit,
  so werdit her von dem tufil gevangin;
Sich selbir her ouch irslehit
  e sin mort werdit begangin.
Der ritter sal nicht stelin
2090  noch dez nachtis uzgrabin,
Sine fede sal her nicht helin                    41ᵛ
  und anendeliche sache darzcu habin.
Wer sich zcu rechte kegin eme irbutit,
  daz sal her gerne von em nemen;
2095 Ist daz her sich nicht henwedir bedutit,
  her mag sich dez ummer schemen.
Wan her nicht wel sin gerecht
  und sal doch daz gericht sterke,
So mochte her lieber blibin eyn knecht
2100  wel her di togunt nicht werke.
Ist her eyn wolgeborner man,
  so thu her nymande leide
Der eme nicht leide had getan,
  mag man en dez bescheide.

2105 Besitzcit her sines vindis erbe
 und had her en gevangin,
 Her sal en nicht zcu grunde vorterbe;
  sundirn waz her kan irlangen
 Und waz daz erbe gegeldin mag,
2110  daz sal von rechte sin schatzcunge sin.
 Ist her erbar, her gebe em tag
  und mane en wanne her wolle, in.
 Nymandin sal her schatzcin bloz
  daz her muße bethil gehin;
2115 Wer daz tud, der werdit erloz
  und eyme struter glich gesehin.
 Wuchirt ouch eyn ritter gud,      42ʳ
  so sint eme di hende unreyne.
 Sugit her der armen luthe blud,
2120  so werdit sin adil gar cleyne.
 Den Judin sal her ez befelin
  und kawerzcinern, den bosin cristin,
 di ez lachunde den luthin stelin
  und brechin ez en abe mit listin.
2125 Her werdit der ritter eyner
  di do speletin umme Cristus gewant,
 Und dannoch vel bosir und cleyner
  und werdit mit dem gesuche geschant.
 Sin sunde schriget zcu gothe
2130  wan her den armen wuchir tud;
 Obirtretit her solche gebothe,
  so setzce man eme uf den judinhud.
 Der wuchir ouch nicht swigit
  undir den fromen luthin,
2135 Darmede her ouch irkrigit
  di schande und vingirduthin.
 Wer ouch wettit di sloße
  mit zcinsin und mit gerichte,
 Der sal di luthe bi er rechtin loße
2140  und sy vordir beswerin mit nichte.
 Genußit her obir daz recht
  und obir er aldin gewonheid     42ᵛ

Etzwaz daz en ist nicht slecht,
ez mag eme darnach werdin leid.
2145 Ist eme nummer wuchirs gnug
und ouch dez roibins al darzcu,
Her sal ez geldin; ist her clug,
wi wel her daz den armen gethu?
Nicht werdit her darvon riche
2150 ab her ez samment sinen kindin.
Ez kommit ouch hirnach sin gliche
der ez eme kan abegeschindin.
Di arme luthe also vorterbin
und nemen en zcu unrechte er habe,
2155 Uf den dertin si daz nicht erbin
wan ez get en wedir bozlichin abe.
Von stelin, wuchir und von roibin
druet keynes mannes geslechte,
Vele luthe habin den gloibin
2160 god schicke ez wedir zcu rechte.
Wel eyn ritter sine hende
reyne waschin und ouch truckin,
So sal her deßin spigil bewende
und en haldin mit sinen stuckin.
2165 Daz ewangelium daz spricht
her sulle em laßin gnugin
Daran daz eme sin erbe uzricht,
und waz em god zcu wel fugin                    43ʳ
Von sime dinste an deme solde
2170 der eme werdit gegebin,
Beide an silbir und an golde
also em daz wol ist ebin.
Ab daz nu werdit zcu geringe,
wi sal her eme danne thu,
2175 Sal her danne eyn hantwerg dinge?
daz geborit eme doch nicht zcu.
Sy kunnen ouch nicht alle zcu hofe kommen
noch der forstin amchte ircrigin.
Nemen sy danne keynen frommen
2180 und sullin eren gebrechin vorswigin?

Mit eyme mag her anestehin
　der etzwaz koifschatz tribit,
Und vorlusit darumme nicht sin lehin,
　eyn gudir ritter her wol blibit.
2185 Furit der koifman in di lant
　pherde, worzce adir win,
Wachz, ledir adir gud gewant,
　dez mag her eynen teil wol nemen in;
Wez her bedarf in sime huz,
2190　daz laße her eme ouch brengin.
Sin gelt had her gegebin uz,
　dez winnunge sal dit erlengin.
Pherde mag her wole koiffin
　und di jung ufstallin　　　　　　　　43ᵛ
2195 Und eyne winnunge daruz sloiffin
　wan eme daz mag gefallin.
Keynerlei hantwerg sal her ubin
　wan em daz nicht wol zcemit.
Sinen pherdin abir an erin hubin
2200　adir ab sy werin vorlemit,
Den mag her wole arczdigin,
　had her icht dez gelernit.
Her darf sich ouch dez nicht vorzcigin
　wanne her sin korn inernit,
2205 Her griffe in der schunen zcu
　daz ez werde gelegit.
Ouch mag her uf sime roße daz thu
　daz sin lant werdit geegit;
Dit ist gud den reisigin pherdin
2210　an fußin und an beynen
Daz si gen in frischir erdin.
　mit philin und mit zceynen
Und köchern mag her ummegen
　und sin geschutzce stellin an,
2215 Buchsin gißin, bolzcin dren
　und dez glichin waz her kan.
Di vihezcucht ist ouch gar nutzce
　beide rindir, schaffe und di swin.

Hirmede her sinen kummer schutzce
2220 und laße dit eyn hantwele sin.

Rynnen di vinde in eyn land          44<sup>r</sup>
   und wollin ez beroibin
   Und thun darynne mord und brand
   villichte umme den cristingloibin
2225 Adir umme er großin obirmud
   ane rechte, redeliche sache
   Adir daz si gerne hettin gud
   adir wi sich daz mag gemache,
   So ist dez landis herrin nod
2230   daz her da wedir vechte
   Und danne zcu hulffe neme god
   und frome ritter und knechte.
   Den selbin sal her gutlichin thu
   mit lihin und ouch mit gebin
2235 Daz sy gerne rithin darzcu
   und wagin bi eme er lebin.
   Gud sint eyme herrin di soldener,
   di manschaft di ist nutzcir vel
   Wan si habin zcu vorlisin mer;
2240   selbir get si ouch an daz spel.
   Si sint undir dem herrin geseßin
   und eme mit eidin vorbundin,
   Der zcweier si nicht vorgeßin,
   si gedenkin er zcu allin stundin.
2245 Dez sal eyn herre milde sin
   kegin sinen getruwin mannen,
   Stetlichin zcu were sy bi em lin          44<sup>v</sup>
   wan di soldener ritin von dannen.
   Di sterke und ouch di were,
2250   spricht sente Ambrosius,
   Di man tud mit striteme here,
   di ist zcumale nicht ummesus
   Kegin den ungloibigin luthin
   adir welchirlei di sint genant,
2255 Und wollin der vinde habe buthin

und ouch behaldin er vatirlant
Und di unschuldigin irnerin
beide wibe, kindir und di man
Vor den di si wollin beswerin
2260 und en nemen waz si han.
Di gerechtikeid ist vollinkommen
wo si sich irbutit zcu dem rechte,
Und werdit er danne daz benommen,
so muez man von nod darumme vechte.
2265 Eyn sogetan werg ist ouch gud
wo man dez also beginnet,
Daz man ez zcu vordirst dorch god tud
und den cristingloibin besinnet
Kegin den ketzcern, Judin adir heidin
2270 und kegin den andirn bosin cristin
Di unz den rechtin gloibin leidin
mit erin falschin, bosin listin.
Ist ez abir umme andir dinge,
also spricht sente Bernhard,                45$^r$
2275 Di do sint etzwaz geringe,
so ist ouch der strid etzwaz hard;
Wan her geschit dorch obirmud
und so man wel nicht rechtis phlegin,
So werdit der strid nummer gud,
2280 daz wel ich vor war ouch segin.
Ist abir di sache etzwaz groz
und geschit ouch noch dem rechte,
So sal man di ouch ane vordroz
gar hertlichin wedirvechte
2285 Mit kamphe adir mit stritin
wi sich daz wel machin
In den selbin gezcitin,
wanne man recht volgit den sachin.
Nu sprichit sente Augustin
2290 von dem selbin ouch sin wort:
Wan di sache dez crigis also sin
also ir itzcunt had wol gehort
Daz sy habin er beginnen

von den unrechtin dingin
2295 Und wollin also gud gewinnen
und meynen en sulle darane gelingin,
So ist der strid danne gar swere;
wer danne hilffit und ritit darzcu,
Der mochte vel liebir wedirkere    45ᵛ
2300 danne daz her wel daz obil thu.
Keyn gud man do irwerbit
daz mag man darbi irkisin:
Wer also in dem strite sterbit,
der muez darum di sele vorlisin.
2305 Ist abir di sache umme daz recht,
so sted ez wole zcu lidin;
Her sy ritter adir sy knecht,
so mag her frilichin stridin.
Ist daz her danne lidit nod
2310 und muez darumme sterbin,
So gewinnet her eynen ediln tod
und mag darmede irwerbin
Daz eme god sine sunde vorgebit
dorch gemeynen nutz der luthe,
2315 Ist daz her darumme dez todis enzcebit
also ich uch mag beduthe.
Wan unsir herre Jhesus Crist
der enphing ouch sinen tod alsus
Daz wir darvone wordin gefrist
2320 und wir irworbin der sunde bus;
Her dirloste unz darmede
daz her vor unz leid di pin,
Und irwarb unz den ewigin frede.
gelobit muße her ummer sin!
2325 Wer umme den frede werdit irslagin    46ʳ
und umme den nutz gemeyne,
Den sal man nicht zcu sere clagin
und alzcu vel beweyne.
Her had sin lebin wol angelegit
2330 wan her also scheidit von hinnen.
Ist ez abir daz her gesegit

und mag den strid gewinnen,
Wi her daz gethun kan
mit listin adir geferdin,
2335 Daz sal her danne nicht sehin an,
ez mag em keyn sunde werdin:
Heymelichin adir uffinbar,
mit allirlei ufsetzcin,
Daz schadit nicht also umme eyn har,
2340 daz recht kan en dez irgetzcin;
Wan her darumme vichtit
daz her dez unrechtin wel sture
Do man untogunt uzrichtit
mit mordin adir mit fure.
2345 Ist ez abir umme andir ding
di gotis frede nicht tretin an,
Adir daz man eynen frevil beging
adir wel dez landis herschaft han,
So sal man ere vor di liste setzcin
2350 und den strid uffinberlichin gewinnen          46ᵛ
Und mit untogundin nymandin letzcin
adir mit bosin, valschin sinnen.
Beide sunde und ouch schande
muez man darvone habe
2355 Gewinnet man di luthe mit brande
und leßit di ere also snabe.
Alexander sine truwe brach
di her ture hatte vorsworn,
An deme der keiser Darium irstach
2360 und hatte sinen herrin obil vorlorn;
Dem liez her daz hoibit abeslan
alzcu der selbin stunde
Und wolde dez keyn lastir han
umme daz her der boßheit begunde
2365 Und sinen eigin herrin irmorte
der em geted ny keyn leid,
Dez brach em Allexander di worte
und darzcu den gesworin eid.
Wer sine truwe gebrochin had,

2370 deme breche man wedir di truwe.
    Wer di ere heldit mit siner tad,
      den laße man mit erin ruwe.
    Wer do werdit truweloz,
      deme sal man keyne truwe haldin
2375 Di sache si cleyne adir groz,             47<sup>r</sup>
      man laße dez danne god waldin.
    Gliche wer do bricht sin geleite
      daz eme eyn herre gegebin had,
    Der had daz ouch albereite
2380 daz en nymant schutzce umme di tad.
    Und wer do bricht den gotis frede
      in eyme gewihetin gotishuz,
    Deme ferit man ouch also mede
      daz her ane frede kommit heruz.
2385 Eyme herrin sal man truwe halde
      wile daz her dy truwe ouch heldit;
    Wel her abir der untruwe walde,
      sin man der untruwe ouch weldit.
    Ez geborit abir sich also nicht
2390 daz sine truwe zcu deme erstin an
    Eyner an sime herrin bricht,
      wan ez ist wedir sinen eid getan.
    Her sal sich dez irclagin
      alrest an dez herrin rethin
2395 Und an andirn sinen magin
      und daz vor en werde gebethin;
    Und wel eme der herre nicht gnade thu
      noch gliche und noch rechte,
    So muez her deme herrin sprechin zcu
2400 daz nymant sine ere vordechte.

    O werdigir ritter sich nu daz an      47<sup>v</sup>
      e daz du dez stritis beginnest,
    Daz du wol sibinnerlei must han
      darmede du den strit gewinnest:
2405 Gotis vorchte, rechte sache,
      gudin rad und di wißheid,

Bereitschaft und ubunge kunnen ez gemache,
    daz sibinde: gehorsam und eyntrechtikeid!
Hastu gotis vorchte nicht
2410 und wilt nicht rechtis phlegin,
    Di hochfard dine sterke bricht,
        god wel dir wedirsegin.
Wiltu nicht rad darobir habe
    und volgist dime eigin sinne,
2415 So gen dir vornunft und wißheid abe;
        wi wiltu den strid gewinne?
Und hastu danne nicht bereitschaft
    beide den harnasch und daz phert,
Wo blibit danne din große craft?
2420 di ist dir nicht eyner bonen wert!
Hastu dich nicht vor geubit
    beide zcu pherde und zcu fuße,
So scheidistu darvon betrubit;
    daz werdit dir danne zcu buße.
2425 Ist din volg ungehorsam
    und nicht darzcu eyntrechtig,
Wi vele er ist, sy lidin scham,         48<sup>r</sup>
    di vinde werdin uwir mechtig.
Ez sprichit sente Gregorius:
2430 gar sere dez volkis mennige und sterke
Ist zcu deme strite ummesus
    (dit sal man ebin merke)
Wanne nicht gudir rad darzcu
    mit wißheid kommit gerichte
2435 Daz man alle ding uf daz beste thu,
    so werdit der strid zcu nichte.
Man sal irvarin so meist man kan,
    wi ez di vinde vor wollin nemen
Und waz ouch da wedir si gethan,
2440 dez sal man wißlich remen.
Ez spricht der meistir Seneca,
    gar eyn wisir, fromer heidin,
Der vel gudis dingis da
    kan wole undirscheidin,

2445 Daz cleyne ist der luthe sterke
    ußewenig an den libin,
    Wo wisir rad nicht kan gewerke,
    waz nutzcis di luthe antribin?
    Wo nicht ist eyn wiser man
2450   der daz ebin kan besinne
    Waz wol adir obil si gethan
    und wel dez stritis beginne,
    Deme hilffet sin große sterke nicht        48ᵛ
    und di mennige der stritbarn luthe.
2455 Ist daz en der wißheit gebricht,
    si kommen erin vindin zcu buthe
    Und vorlisin lip und gud
    gar snel in kortin stundin
    Ab man nicht wißlich darzcu tud,
2460   daz ist gar dicke dirfundin.
    Tulius der Romer spricht
    (dit sal man wole merkin):
    Große ding di kan man nicht
    mit snellikeid gewerkin
2465 Und mit dez libis creftin
    daz si zcu nutzce kommen,
    Mit wißheid muez man sy heftin
    und mit rate daz sy gefrommen.
    Ez sprichit ouch Salustius
2470   von gudeme rathe zcu nemen:
    In allin dingin halt dich alsus
    daz du rad nemist ane schemen.
    E danne du etzwaz hebist an
    do dir macht anelit,
2475 So saltu rad darobir han
    von eyme der dez dingis phlit.
    Und wan du den rad hast geant,
    so saltu dez stille danne swigin
    Und thu daz beste alzcuhant,         49ʳ
2480   ungerne saltu crigin.
    Kanstu dez danne ummegegen
    mit erin und mit guthe,

So ist din ding wißlich geschen;
 stant nicht noch menschin bluthe.
2485 Tulius sagit abir an
 daz der rad sy unmaßin gud
Und en lerne wo man kan,
 her sterkit sere dez mannis mud.
Wan di aldin, wisin Romere
2490  di zcu Rome gingin in den rad,
Di antin mit erin rethin mere
 danne di ritter mit ere tad
Und di weppener zcu den gezcitin
 di si von Rome mit en santin,
2495 Mit großir erbeit in eren stritin,
 dez si selbir darnach bekantin.
Vegecius der meistir spricht:
 wan man dez stritis wel beginne,
So sal man dez vorsumen nicht
2500  man sulle vel dingis besinne;
Ab inval komme, wi man eme thu
 daz man nicht großin schadin neme.
Vel wisir luthe neme man darzcu
 eris ratis man sich nicht scheme.
2505 Wanne man danne den rad gehorit     49ᵛ
 und wole daruz gelernit
Und den zcwifil alz vorstorit
 und di wißheid ingeernit,
So sal man mit sinen frundin
2510  (der nicht sy alzcu vele)
Daz beste danne uzgrundin
 und in dem synne wol obirspele.
Socrates spricht: uf snellin rad
 sal nymant alzcu sere getruwe,
2515 Do kommit dicke nach eyn tad
 di manche zcid mag geruwe.
Der zcorn der ist gar sere do wedir
 daz man nicht gutis ratis beginnet;
Der zcorn der druckit di wißheit nedir
2520  daz man nicht den schadin besinnet.

Der zcorn ist zcu der rache snel,
  der wel zcu keynen gezciden
Horin dez wisin ratis spel
  und geduldiclichin sich lidin.
2525 Der zcorn und der snellir rad
  sint der wißheid wedir sere,
Man sal sich hutin vor der tad
  di todlichin mag beswere.
Der wisir konnig Salomon
2530  in eyme sime buche
Der redit eynen spruch hirvon;         50<sup>r</sup>
  wen ez lustit, der mag en suche.
Her spricht also: in zcwen dingin
  di man hi uf erdin ubit
2535 Darinne di fromen luthe ringin,
  do werdit myn herzce betrubit.
Umme daz derte valle ich in zcorn,
  dez kan ich nicht vormide:
Wo eyner ist zcu dem schilde geborn,
2540  und muez großin darffetum lide,
Und wole mit deme strite kan
  und starg gnug ist von libe,
Und keynen harnasch mag gehan
  daz her daz moge getribe;
2545 Und wo do ist eyn wisir man,
  dez ratis nymant gehorchin wel
Und sich nymant dez nemmit an
  her rathe wenig adir vel;
Und der sich rechtis wol vorstet,
2550  und leßit togunde und ere
Und deme unrechtin alz nachget
  und sundigit wedir god sere.
Meistir Tulius der spricht:
  wiltu wisin rad halde,
2555 So thu en unbedacht nicht
  und sprich en nicht uz balde.
Dryerlei bedenke gar ebin:         50<sup>v</sup>
  hobisch, nutzce und gud;

Darnach saltu dinen rad gebin
2560 mit welchem man allirbeste tud.
Had di sache deße alle dry:
den nutz, di togunt und di ere,
So merke welch daz beste sy;
darnach dinen rad dan kere.
2565 Und welch nu vor sulle gehin,
daz saltu wole wege.
Wan dit von dir ist geschehin,
alrest dinen rad uzsege.
Der had gar eynen gudin sin
2570 der sine werke bedenkit wole
Und er ende und er anbegin
und wi her sich schadin moge irhole.
Torlich ist eynes ritters rede
und sehit sich ouch wenig vor
2575 Wan her herschit von sime frede
und had dez allezcid wenig kor.
Her muez dez sin bereite
welche zcid her werdit obirzcogin,
So kan her danne nicht gebeite
2580 her muße sine were mit glucke wogin.

Tulius der edelir Romer,                     51ʳ
freidig, wise, vornem und clug,
Der gebit unz manche gude ler
und in allin dingin underwisunge gnug.
2585 Der retit man sulle gerne
di kindir in der jogunt
Di buchir laßin lerne
und manchir hande togunt;
Daz werdit en sere nutzcin,
2590 wi wenig sin etzliche achtin
Di sich mit tummen redin schutzcin
und kunnen den nutz nicht betrachtin.
Der meistir Cassiodorus
der straffit sogetane leien
2595 Di do meynen daz ez si ummesus,

mit den gelartin si sich zcweien.
Her spricht: in der werlde ist keyn glucke
wi man daz mag genennen,
Di schrift di kunne ez uzgesmucke
2600 und lerit ez recht irkennen.
Und wiltu danne di warheit han
di dyne jogunt nu smuckit reyne,
So nem dich der lare frolich an;
an si toug alle din wißheid cleyne.
2605 Ez sted eyme gudin ritter wol
kunne her geschribin und gelesin;          51ᵛ
Ist her gelart und kunste vol,
gar selig mag her wesin.
Y tiffir man suchit kunst und togunt,
2610 y herlichir sy werdin fundin
Und waz man nicht lernit in der jogunt,
ez kommit darnach wol zcu den stundin
Wanne man ez gerne kunde,
daz man sin danne muez enperin.
2615 Kunst und togunt di sint frunde
dy vel nutzcis kunnen geberin.
Di konnige, di forstin und edele man
hattin dy wise vor jarin
Daz sy sich namen der kunste an
2620 und gar wol gelart warin.
Darumme schreib Aristotiles
dem großin konnige Allexandro
Und vormanete en flißelichin des
mit sime briffe der lutte also:
2625 Konnig, du salt nemen in dinen rad
eynen vornunftigin, fromen man
Der setig sy in allir siner tad
und der di sibin fry kunste kan
Und habe ouch sibin fromikeid
2630 dy her gerne anetribe,          52ʳ
Und kunne di sibin behendikeid
dy ich dir hirnach schribe.
Welchir deße stucke zcu rechte kan,

der ist edil von naturlichir ard
2635 Und her heißit eyn vollinkommen man
und du bist mit eme wol beward.
Dy sibin kunste weistu wol,
noch so muez ich sy rechin:
Wer schribit und lesit also her sol,
2640 und kan latin wol gesprechin.
Di andir ist wer do wol vorstet
in den redin der wortir macht
Und mit behendikeit di dorchget
und er valscheit und warheit acht.
2645 Dy derte daz her gesmuckte rede
hobischlichin kan uzgerichte
Und manchirlei geryme darmede
und schone materien getichte.
Dy ferde daz her singit
2650 noch den notin waz her wel,
Und ab her darnach ringit,
so kan her orgil und seitinspel.
Daz funfte muez ich uzsprechin
(di kunst fromit ouch vele)
2655 Daz man wol kan gerechin
und balde und meisterlich gezcele.
Di sechste kunst kan gemeßin
und meistirlich gewegin;
Der sal ich nicht vorgeßin,
2660 di hantwerg er sere phlegin.
Di sibinde lerit zcukunftige dinge
von dez hymmelz ummegange,
Deße kunst ist nicht geringe
wer sy recht kan irlange.
2665 Di sibin togunde habe her da bi
also ich si dir wel bewise:
Dy erste ist daz her meßig si
an tranke und ouch an spise.
Dy andir daz her nicht spele
2670 umme redelich gelt und ander habe
Und phlege dez gerne und vele

und si girig und riße alz abe.
Dy derte daz her nicht wel tribe
di bosin, unzcemelichin unkuscheid
2675 Mit eyme fremmedin, bosin wibe
daz untogunde brengit mit siner tuscheid.
Dy ferde daz her bose gewalt
an keynen menschin lege
Ez si danne also gestalt                                    53ʳ
2680 daz en untad darzcu bewege.
Dy funfte daz her nicht lige
noch gerne di luthe aftirkose
Und si schelglichin betrige
und mit wortin schentlichin bose.
2685 Dy sechste daz her sich fliße daran
daz her nymande daz sine neme;
Und waz wedir ere sy getan,
daz her sich dez sere scheme.
Daz sibinde daz her guthe sethe
2690 czu allin gezcitin ouch habe
Und volge der gerechtikeid methe
und neme darumme nicht gabe.
So sint dit di sibin behendikeid
di do werdin zcu allin gezcitin
2695 An eynen vollinkommen man geleid:
her sal kunne wol geritin,
Snel uf und abe gesitzcin,
wol gedrabin und gerinnen,
Ummegekerin und mit witzcin
2700 von der erdin etzwaz gewinnen.
Dy andir daz her kan geswimme
und in dem waßir getuche,
sich gewende und gecrimme                                   53ᵛ
uf dem rucke und uf dem buche.
2705 di derte daz her kan geschißin
mit armborstin, buchsin und bogin;
Dez mag her danne wol genißin
kegin forstin und den herzcogin.
Dy ferde daz her kan gestigin

2710 ane leittern ab dez nod tud,
 Daz werdit wol nutzce in den crigin,
  an stangin, an seilin, daz ist ouch gud.
 Dy funfte behendikeit mag ich sprechin
  ist daz her kunne wol tornirin,
2715 Gestritin und ouch gestechin
  und redelichin und recht geschustirin.
 Dy sechste behendikeit: mit dem ringin
  beide geschermen und gevechtin,
 Vor andirn luthin wit gespringin,
2720 mit der linkin hant also mit der rechtin.
 Dy sibinde: wol gedinen zcu tische,
  getanzcin ouch und gehofiren,
 Daz bredspel em nicht laßin entwische
  und alliz daz en mag gezcirin.
2725 Boecius der meistir gud
  spricht daz di lar der wißheit
 Si eyn schatz also gar frud
  und der edilstir den di werlt treid.     54ʳ
 Keyn ding mag sich em gegliche
2730 daz man had uf deßir erdin,
 Her machit di luthe selig und riche
  noch allim willin und erin begerdin.
 Von dem fure werdit her nicht vorbrant
  noch von dem waßir irtrenkit,
2735 Gar edil machit her den bekant
  der en den luthin schenkit.
 Di kunst benemmit keyn gewalt
  danne gotis gewalt alleyne;
 Wo sy in eyme had eren enthalt,
2740 dez lebin machit sy gar reyne.
 Dy dibe sy nicht gestelin kunnen
  noch di roiber eyme geroibin,
 Von den muttin werdit si nicht enkunnen;
  dez han ich ganzcin gloibin.
2745 Von allin lutin saltu lerne,
  spricht Seneca, waz dir ist unkundig
 Ungeschemit und ouch gerne,

so werdistu wise und mundig.
Wan wer dez spottit der etzwaz kan,
2750 der had di wißheit begebin
Und nemmit sich der geckerie an
und furit eyn armes lebin.

Had eyn ritter der gereitschaft nicht    54ᵛ
wan her sal zcu strite gen,
2755 Wi werdit ez danne uzgericht
daz her wole moge besten?
Darumme sal man merkin nu,
also spricht der meistir Valerius,
Daz deme strite gehorit zcu
2760 feirley daz man nu habin mus.
Daz erste daz sint starke knechte
nahe bi dez ritters sitin
Di eme kunnen helffin gevechte
und wol kunnen mit dem stritin.
2765 Daz andir ist harnasch und swert
gewappint uz biz zcu fuße,
Deße ding machin eynen ritter wert
und muez ez habin zcu buße.
Daz derte ist spise und trang
2770 daz her darvon gezcere
Ab sin harrin worde lang
do her lit in deme here.
Daz ferde daz her kunne gewiße
waz vorteils si darinne,
2775 Kunst, ubunge und bekenteniße
wi daz her den strid gewinne.
Aristotiles der spricht
von deßin genantin feir stuckin
Also di werdin uzgericht    55ʳ
2780 daz si eynen ritter wol smuckin.
Dry ding di machtin vor jarin
daz di Romer alz obirwundin
Und daz si zcu stritin loiftig warin
und gar wol darmede kundin.

2785 Si hattin gudis gezcoigis sad
    und warin eyntrechtig und getruwe
    Daz er eyner uf dez andirn tad
    wol frilichin mochte gebuwe.
    Vegecius der wel ouch segin
2790   von dez gudin ritters harnasche
    Her sulle ez laßin schone fegin
    daz darane si weder rost noch asche.
    Sin vint darvon irschrickit,
    wan ez schone ist und reyne
2795 Und en also eyn spigil anblickit,
    so achtit her den ritter nicht cleyne.
    Wer gloibit daz eyn ritter sy
    starg, kune und ouch stritbar
    Und sines gemutis freidig und fry
2800   wan sin harnasch ist unfrutig gar,
    Swarcz und ruezfar gestalt
    also ez in dem quate si fundin,
    Und zcurißin und ouch alt
    und habe sich dez ermelich underwundin? 55ᵛ
2805 Keyn vestir, seligir, lobelichir land
    (achte ich in myme sinne)
    Wart uf der erdin ny bekand
    dan do vel ritter wonen inne
    Di wole kunnen gevechte
2810   und habin gereitschaft darzcu gnug
    Und sten noch frede mit dem rechte
    und sint zcu striten wise und clug.
    Der meistir genant Cassiodorus
    sagit von dez stritis gewonheid
2815 Und undirwisit unz alsus
    sy si trostlich den lutin und den vindin leid.
    Irschreglich ist ez den luthin sere
    di dez seldin habin gephlegin
    Daz si sich sullen an striten kere.
2820   di sint abir darzcu irwegin
    Dy daz dicke han angetrebin
    und der ubunge vel begunnen

Und sint von jogunt da bi blebin
und di wise wole kunnen.
2825 Wer in der jogunt daz antribit,
in dem aldir her darmede kan;
Wer unerverit gar wol blibit,
wan her ez sal tribin an ...     56ʳ
Vegecius sagit abir andirweit
2830 waz do gehore zcu deme strite,
Daz si ubunge und gewonheit
man ge zcu fuße adir rite.
Her spricht: zcu strite gehorit
daz man di wise wole kan;
2835 Daz volg werdit schere vorstorit
wo di unvorsuchtin sich dez nemen an.
Di gewonheid zcu dem stritin
ist beßir danne di sterke,
Dy kan zcu allin gezcitin
2840 daz gewinnen wol gewerke.
Tede dit nicht gewonheid und di lar
und der gudir harnasch an dem libe,
Queme eyn starkir gebuer ouch dar,
her solde großis wundir tribe;
2845 Und hette her spise di gnuge
und eynen flegil in siner hant,
Mer dan eyn ritter her wol sluge
wan ez were also gewant.
Cassiodorus der spricht:
2850 di rechtin, mutigin, starkin man
Di harrin noch dem strite nicht,
si woldin alz liebir frede han
Und ouch der ruwe phlegin,     56ᵛ
wo en daz mochte geborin;
2855 Sy gebin di wise mit den wegin
daz si gewunnen und nicht vorlorin.
Di selbin sint gerne senftmutig
mit den wortin in ere rede,
Hobisch, toguntsam und ouch gutig;
2860 di gerechtikeid und den frede

Habin sy lieb zcu allir zcid
und sint doch in den stritin irwegin
Und thun daz ane valsch und nid,
wan si habin sin dicke gephlegin.
2865 Dy abir vel gezcenkis irhebin
und steckin vol großir worte,
In den starkin stritin sy irbebin
und kommen in große forte.
Di mit der rede gar freizlich sint
2870 wo sy undir den luthin wandirn,
Di stellin sich danne also di kint
und togin mynner danne di andirn.
Dy arme luthe vel beroibin
und kunnen si wol geschindin,
2875 Czu den so habe ich keynen gloibin
daz si in stritin obirwindin.
Di vele ungerechtikeit tribin,
dy sint werlich rechte zcagin;
An der spitzcin si nummer blibin,         57ʳ
2880 sy laßin sich snel vorjagin.
Nummer sal eyn man geflihin,
also spricht meistir Tulius,
Wan her sal zcu strite zcihin
adir ist darumme kommen us,
2885 Daz man en icht also eynen zcagin
hindinnoch allezcid halde
Und obir en komme eyn bose clagin
und schande mit der unsalde.
Man sal abir flihin alsust
2890 wan der strid ist gancz vorlorin,
Und sich gebin in di vorlust
wan daz banir ist zcumale vorkorin.
Wan man dez stritis mag ummegegen
und dez creiz ist vorswegin,
2895 Daz man kume werde gesen,
so ist danne gud sin vorzcegin.
Wer danne dohindin blibit
ane redeliche, große sache

Und eyne bisundirn were tribit,
2900 dez torheit mochte man wol lache.
Der had eynen starkin mud
der sich wol kan geubin,
Und sin stetikeid ist ouch gud
wen scharffe ding nicht betrubin 57ᵛ
2905 Ab en di biwilin rurin
mit eyner großin clage
So her di hertikeid muez volfurin,
und darum nicht wel vorzcage;
Sundirn daz her sich in hute
2910 al di wile veste heldit
Und trostit sich in dem mute
und eynes gudin ratis weldit.
Vegecius spricht abir: wo man
di bloßin an di spitzcin schickit
2915 Di nicht gudin harnasch habin an,
wi veste man en daz vorstrickit,
So flihin sy gerne zcu den stundin
wan er gesellin blibin tod,
Und enzcebin selbir ouch großir wundin
2920 und lidin in der were große nod.
Ez schribit sente Augustin
eyme ediln manne den her wol
Kante bi deme namen sin:
eyn ritter sin adil merkin sol
2925 Und nummer anendelich gethu
mit werkin adir mit wortin,
Daz geborit eme von rechte zcu
in togundin und gotis vortin.

Ez schribit abir Vegecius: 58ʳ
2930 welch herzcoge fredis sere begert,
Der mache sich mit sime volke uz
und bereite zcu strite sine phert.
Welch herre wel gerne obirwinde,
der lere sine ritter und knechte
2935 Wan her sy kan mußig vinde

wi sy in stritin sullin vechte.
Eyn wisir herzcoge ouch gerne macht
mit briffin und mit gereitin gelde
Undir sinen vinden di zcweitracht
2940 wo sy kegin eme legin zcu felde.
Wol daz man deßis achtit cleyne,
so werdit ez doch den vindin swere
Und ist doch groz, also ich meyne,
wan keyn ding schadit en also sere
2945 Also daz man eyne zcweitracht
in den di zcu felde ligin,
Also vorborginlichin macht
daz sy danne undir eynandir crigin.
Harte, veste, starke man
2950 di gevochtin habin gar dicke,
Di sal der herzcoge vorne an
czu eyner spitzcin schicke.
Wan di do seldin adir ny gesahin
di luthe stechin adir howin                    58ᵛ
2955 Und große, tiffe wundin slahin
dez stritis wise anschowin,
So kommen si in vorchte zcuhant;
dez sal man sy danne beringin,
Si wordin lichte in eyne flucht gewant
2960 kundin sy darvon gedringin.
Darum sal man si schickin
mittin in den hoiffin,
Gar harte en daz vorstrickin
daz sy nergin sullin loiffin.
2965 Und wan eyn hoiptman der flucht enzcebit,
so sal her eyne andir partige han
E danne sich di flucht irhebit,
di sich dez stritis ouch neme an.
Vel lichtlichir her daz danne endit
2970 daz her di kunne wedir gelockin
Und vele er danne umme gewendit,
di von dem strite sint irschrockin.
Wan si danne etzwaz geruwin

und sich ouch baz besinnen,
2975 Villichte si danne uf er getruwin
    dez stritens wedir anbeginnen.
Welch hoiptman mit sinen witzcin
    wel zcu eyme strite gehin
Und wel setzcin sine spitzcin,
2980   der sal dri ding da vor besehin:       59<sup>r</sup>
Di sunnen, den stoub und den wint
    daz her sich darvone gekere,
Si machin eme andirs di sinen blint
    und hindirn sy gar sere.
2985 Wer do kegin der sunnen stet,
    dem schinet sy in di ougin zcuhant
Und wo wint und stoub in di ougin wet,
    do had man sich obile hen gewant.
Und muez her daz von nod han
2990   in den selbin gezcitin,
So wende man sich ab man kan,
    und treffe sy zcu der sitin.
Di vinde sint bose zcu schißin
    in stoube und in winde
2995 Wan di ougin obirflißin,
    daz hindirt darzcu swinde.
Tulius spricht: wo ouch eyn man
    an di spitzcin frevelichin get
Der mit dem swerte etzwaz kan,
3000   und sich sere daruf let
Dorch rum und dorch itelichkeid
    und wagit do sin lebin,
Daz ist eyn torliche erbeid
    und mochte di wol begebin.
3005 Abir wan dez selbin tede nod       59<sup>v</sup>
    und queme dahen zcu statin
Und trete danne in den tod,
    daz mochte en allewege gebatin.
Wan beßir ist ez gestorbin
3010   dorch gemeynen nutz und frede
Danne schadin und schande irworbin

und uf en eyne bose nachrede.
Ez sprichit meistir Seneca
von etzlichin erbarn luthin
3015 Di also weich werdin irzcogin da
glich den zcartin, jungin bruthin:
Nicht unseligirs menschin mag werdin
danne wo da ist eyn erbar man
Undir den andirn uf der erdin
3020 der keynerlei gelidin kan
Und deme noch ny leid geschach
von keynerhande dingin
Und weiz nicht zcu sagin umme ungemach,
wi solde deme nu gelingin?
3025 Wan her ist gar unirvarin
in allirhandin der luthe sachin
Und glichit sich eyme rechtin narrin
adir eyme wibe mit sime machin.
Ez spricht der meistir Plato
3030 ouch von dez volkis stritin                    60ʳ
In eyme sime buche also:
ab ez kommit zcu gezcitin
Daz der hoiptluthe werdit me
danne eyner do alleyne,
3035 So sullin si zcusammen ge
und sich gar gancz voreyne
Daz si icht kommen undereynandir
czu zcweitracht und zcu crigin.
Di jungin di sullin also wandir
3040 daz si den eldistin vorswigin.
Erin rad sullin si doch gebin
so si allirbeste daz mogin;
Ist her den eldistin danne nicht ebin,
so sullin sy sin also gezcogin
3045 Daz si gerne volgin den aldin
und nicht do wedir sprechin,
Darmede sy den seg behaldin
und bewarin großin gebrechin.
Di schifluthe dicke undirgen

3050  wan si varin in der zcweitracht
Und darumme zcu crige sten,
  gewißlichin danne er schade wacht.
Wanne eyner volgit dem andirn nicht,
  wi wollin si danne gevarin?
3055 Also worde dit ouch uzgericht             60ᵛ
  wolde man ez nicht bewarin.
Aristotiles der spricht:
  wan man hoiptlute wel kisin,
So sal man der jungin nemen nicht
3060  man mochte andirs vorlisin.
Wer wole ist irvarin
  und had ez dicke getrebin an,
Den sal man mit nichte sparin,
  man sal en zcu formunden han.
3065 Der jungir laße em nicht vorsman
  ab der eldir ist nicht riche
Adir nicht also edil noch sime wan,
  her sal eme gerne entwiche.
Wan daz enist keyn schande
3070  daz eyn aldir, armer, erbar man
Danne formundit eyme lande
  und eyn edeler daz leßit der sin nicht kan.
Dez ritters truwe irschinit sere
  der danne umme dez landis frede
3075 Czubreitit schone dez volkis ere
  und machit daz obirwindin mede
Also daz di vinde vorzcagin,
  wan her den strid wißlich uzricht
Und daz si gefangin werdin und irslagin
3080  wan man da ordinlichin vicht.


Gar gude ritter sint di man           61ʳ
  di arme luthe nicht roibin,
Sundirn di sich stritins nemen an
  umme den cristingloibin.
3085 Ez sprichit sente Augustin
  in sime buche von der gotis stad:

Ir werdin ritter, nemit dit in
und helffit daz sin werde rad.
Dez menschin sele had nicht frede
3090 di wile daz der lib lidit ungemach,
Sy irquickit mit nichte di gelede
di darvone sint wordin swach.
Also tud der geist der cristinheid:
di wile daz si zcu den gezcidin
3095 Beide ungemach und herzceleid
muez von heidin und ketzcern lidin,
So mag der cristin nicht mit ruwin
gotis dinst recht vollinbrengin
Mit ynnikeid und mit ganzcin truwin,
3100 got wolle ez danne vorhengin.
E danne man zcu strite get
kegin ketzcern und heidin,
Den cristin ez gar wole stet
daz si sich von sundin scheidin
3105 Mit bichten und mit ruwin
und nemen den licham Cristi in,
So sullin si dez gote getruwin                61$^v$
her vorgebit en sunde und pin.
Wol daz ez zcu allin gezcitin sy nod
3110 wan man stritin wel adir vechtin,
Daz man anruffe den lebundin god
umme hulffe noch deme rechtin
Und eyn iclichir sin ding berichte
und bereite sich uf eyn sterbin
3115 Mit warir ruwe und mit bichte
daz her gnade moge irwerbin,
So ist ez doch vel nothir danne
umme vorgebunge allir sunde
Czu thune von eyme cristin manne
3120 daz her sich vordir zcu gothe vorbunde.
Der genantir lerer vordir sagit:
o mensche, hastu in der zcid
Dine sunde mit ruwin nicht geclagit
und also gegangin hen in den strid

3125 In hochfart, haße und obirmuthe
    und den strid villichte an dich genommen
    Uf daz du quemist zcu großirme guthe
    und nemist von den luthin frommen,
    Hastu in diner herschaft di sterke gar
3130 und din großis volg besunnen
    Di do machin eyne breite schar,
    meynistu danne du hast gewunnen,
    Neyn, god wel ez nicht also han!       62$^r$
    her had ouch dines stritis macht;
3135 Wer sine hulffe nicht ruffit an,
    dez werdit von eme cleyne geacht.
    Wer sich uf sine sterke let
    und uf sin großis gesinde,
    Ez kommit daz en eyn crenkir slet
3140 und kan dez nicht vorwinde.
    Her mag nummer obil gesterbin
    wer noch gotis gnadin ringit,
    Her mag wol nutz und ere irwerbin
    gar snel eme ouch gelingit.
3145 Furit her danne eyn toguntsam lebin
    und wel den strid wedir di ungloibigin thu,
    God wel em sin riche gebin
    und der merteler cronen darzcu
    Ab her umme den cristingloibin
3150 in dem strite werdit irslagin,
    Nymant mag en dez beroibin
    also di heiligin lerer sagin.
    Der sterbit ouch gar seldin wol
    der nicht stet noch dem rechtin
3155 Und ist großir sunde vol,
    deme werdit swere zcu vechtin.
    Isidorus spricht: solchir luthe tod     62$^v$
    sal man in der cristinheid alleyne
    Clagin und ere lange nod
3160 in eyme medelidin beweyne
    Di ane ruwe dit habin begangin
    und villichte vordinit di helle

Und gotis licham nicht han enphangin
noch woldin sich darnach stelle.
3165 Man sal sich abir nicht betrubin
umme di zcu gothe wendin sich
Und sich in siner liebe ubin,
der tod ist zcumale lobelich.
Gregorius uns lerin wel
3170 daz man den ketzcern sulle sture
(Do her schribit obir Ezechiel)
mit dem swerte und mit dem fure.
Her spricht ouch: ist daz wir unz darin
mit alleme fliße setzcin
3175 Daz wir en angelegin pin
und di bosin cristin geletzcin,
Daz sullin wir ane vorchte thu,
wan si sint gotis dinern gram,
Do wel her unz ouch helffin zcu
3180 habin wir zcu unsirn sundin scham.
Mer der selbe lerer spricht:
sehistu eynen fromen cristinman,
Den saltu irzcornen nicht,                    63ʳ
du salt gotis vorchte han
3185 Uf daz en god icht reche
der in sime herzcin ist,
(Nu merke waz ich spreche)
und schone sin zcu allir frist.
Tustu eme unfrede,
3190 du beschemist dinen gloibin
Und irzcornist god darmede;
der kan dich wol beroibin
Libis, gutis und der erin
gar in kortin stundin,
3195 Dez had man noch deßin lerin
di warheid dicke fundin.
Nymant kan wol gemerke
do nicht sint strite adir crige,
In deme frede sine sterke;
3200 manchir muste er geswige.

Glichir wise nymant gesprechin kan
her werde dan von den ketzcern getrebin,
Daz her si eyn bestendigir cristinman,
so mag her danne gancz enzcebin
3205 Daz her umme sinen lip und lebin
den cristingloibin wolde behalde
Adir den umme di pin begebin
und komme in ewige unsalde.     63<sup>v</sup>
Sint di nu gotis kindir genant
3210 di gerne dez landis frede machin
Und di armen schutzcin und daz lant
mit manchirhande sachin,
Ane zcwifil di do wedir sint
und den frede vorterbin,
3215 Sint dez bosin, vorfluchtin tufils kint
und sine rechtin erbin.
Abir spricht her: etzliche heißin ritter
di nicht vel han gestretin,
Di erbeid were en gar bitter
3220 begunde man si dez bethin.
Etzliche heißin ouch cristin
di der werke nicht begen,
Di ouch mit erin listin
Cristus lare wedirsten.
3225 Si habin beide dy namen
der si sich schone vorhebin,
Der werke habin sy eynen schamen
der sy gar seldin enzcebin;
Dez ist er ere gar cleyne
3230 di sy darvone irwerbin,
Er werdit vorgeßin reyne
von gothe wan sy gesterbin.

Ez spricht der meistir Pericles     64<sup>r</sup>
daz keynerlei golt noch gud gewant
3235 (Vor war saltu mir gloibin des)
machit eynen gudin ritter bekant
Noch keyn buntwerg noch edil gesteyne,

sundirn wan sin schilt ist zcustochin
Und der bort ist zcuhowin reyne
3240 und sin helm ist zcubrochin
Und sin swert had große schrundin,
so ist der ritter gezcirit wol.
Had ouch sin antlitzce blutige wundin,
bilche man en danne lobin sol.
3245 Petrus Perle also spricht:
keyn betruplichir ding man sehit
An eyme ritter, dez sit bericht,
danne daz her stetlichin mußig gehit;
Darmede her der gudin gewonheit
3250 siner ritterschaft gar vorgißit
Und kommit danne in vordroßinheit
di eme di ritterschaft frißit
Und machit eme ouch sinen mud
unlustig und unfletig,
3255 Daz her danne nicht nutzlichis tud
und werdit gar unretig.
Di ritter di von dem rechtin                    64ᵛ
soldin ubin er mannis sterke
Und wedir dez cruzcis vinde vechtin,
3260 an den mag man daz nu merke
Daz si vechtin mit deme win
und ubin den rechtin mußiggang
Und wollin vol gudir spise sin
und suchin den allirbestin trang.
3265 Si werdin alle ritter genant,
gar unglich ist er lebin;
Di ritterschaft blibit ungeant,
in untogunde sy sich gebin.
Erin spangin man nu nachkaft,
3270 lewin sint sy in erme huz,
Si lestirn sere di ritterschaft,
si sint hasin wan si kommen uz.
Si rithin uf den feldin,
do wollin si alz di hasin hetzcin;
3275 Beginnen sich di vinde danne meldin,

so wollin si er swerte dan noch wetzcin.
Eyn cleynes ungemach tud en we
dez si gar ungewonit sint.
Waa er wollust nicht mag gesche,
3280 so betrubin sy sich also di kint.
Unnutzce ist dez ritters lebin,
spricht der meistir Vegecius, 65ʳ
Di sich in zcartheit wollin gebin,
di gebuer di tribin si hirnach us.
3285 Si furin wipliche wise
mit cleidirn und mit tranke
Und gebruchin cleynlichir spise
adir wollin darumme cranke;
Und wanne sy sullin herferte thu
3290 mit erin genoßin zcu velde,
So sint si nicht geschickit darzcu
wedir in der budin noch in dem gezcelde.
Di hertin ritter an der sunnen
dez schatewans han wenig gephlegin,
3295 Manchir erbeit han si begunnen
und wißin von badin nicht zcu segin.
Er legir ist eyn scharffir ackir,
gar meßig er spise und er trang,
Dez nachtis gewappint und wackir,
3300 waßir und brot, fleisch obir lang.
Tiffe grabin si umme sich machin
und thun manche große erbeid,
Steyne si tragin, dez nachtis si wachin
wan sich di zcertelinge han geleid.
3305 Di laßin er zcartheit nicht undirwegin,
si habin gudis bettegewant,
Er nachtruwe sy sußlichin phlegin, 65ᵛ
di badehemmede sint en wol bekant.
Daz er harnasch solde sin,
3310 er swerte und er schilde,
Daz ist gudir methe und win,
gebrathin zcam und wilde.
Er gleven daz sint ysirn spiße

daran di gense und di huner bratin,
3315 Der wollin si vel me geniße
danne hi vor er eldirn tatin.
Si haldin sich in allir maße
also ab si zcu eyner hochzcid gingin,
Mit sanftem lebin und mit quaße;
3320 noch keyme strite wollin si ringin.
Petir Perle abir noch me
von den rittern clagit
Daz er orden wolle vorge,
er lebin em nicht behagit.
3325 Her spricht: der fromen ritter ordin
beide undir jungin und den aldin
Der ist nu gar zcu nichte wordin,
di togunt werdit wenig gehaldin.
Wer aller schemlichst nu swerit
3330 und ist bosir worte vol
Und undir en also eyn tore ferit
mit buberie, der gevellit en wol.
Wer god nicht vorchtit in siner tad
und gotis diner obil gedenkit
3335 Und uf geistliche luthe tribit spod
und den cristingloibin crenkit
Und sin unrecht heldit veste,
der werdit nu gestrenge genant
Und heißit undir en der beste;
3340 her werdit abir zculest geschant.
Der ritter zcucht di ist nu uz
von den deßir spigil uffinbart,
Also von en schribit Vegecius
und di andirn meistir wol gelart,
3345 Wi toguntlichin si sich soldin haldin.
nu ist er togunt vorswundin,
Si kunnen wedir libis noch mutis gewaldin,
sy habin andir wise nu fundin.
Etzwan waz ez also geschickit
3350 wan eme di ritterschaft wart zcugeleit,
Daz her sich zcu den rittern vorstrickit

66ʳ

und swuer darobir eynen eid
Daz her noch erin begerdin
beschermen wolde den gemeynen nutz
3355 Und gotis ritter also werdin
und der cristinheid merin schutz,
Wetwen und ouch di weisin                      66ᵛ
beschermen wo her kunde,
Vor unrechte und vor freisin
3360 ez tedin vinde adir frunde,
Und vorne an der spitzcin sten
wan man umme recht wolde stritin,
Und nicht flihin noch abegen
danne zcu rechtin gezcitin;
3365 Und daz her sinen lip und sin lebin
dorch den heiligin cristingloibin
Und dorch gemeynen nutz wolde ufgebin
und dez solde en nymant beroibin.
In di kerchin si etzwanne quamen
3370 und enphingin von den pristern den segin,
Er swerte si von deme altir namen
Di selbin fromen gotis degin
Und bekantin daz si gote zcu erin
der cristinheit kindir werin wordin
3375 Und woldin sich an keyne boßheit kerin,
sundirn haldin der fromen ritter ordin.
Si woldin beschermen di gotishuez
und daz an den obiltetern rechin
Und ouch der armen luthe cluez
3380 wo sy irkentin solchin gebrechin.
Sy woldin irlosin er vatirland
czu welchin gezcitin dez tede nod.          67ʳ
Nu had ez sich alz ummegewand,
Sy meynen si habin keynen god.
3385 Sy werdin nu ritter uf den veldin
wan si der wetwen kuwe tribin
Mit obilsprechin, fluchin und scheldin
und slahin sich mit den armen wibin.
Kerchin und clostir sy nu schindin,

3390 Cristum sy sines erbis beroibin,
    Der weisin gutis si sich undirwindin
    also ab sy ny gewunnen cristingloibin.
    Sy obirsetzcin di armen
    mit bosir gewalt und ungerichte
3395 Ane gotis vorte und alz irbarmen
    und machin si ouch gar zcu nichte
    Uf daz sy er hochfart getribin
    und gehofiren den schonen frowin.
    Ab sy daz lange zcid nu antribin,
3400  daz mag man darnach wol schowin:
    Lip, gud, sele und ere
    di werdin also darvon vorletzcit;
    Waz had der mensche uf erdin mere
    daz en hirobir irgetzcit?

3405 Nu sprichit abir Vegecius            67ᵛ
    in sime erstin buche
    Von der ritterschaft alsus,
    wer dez nu wel gebruche:
    In den rechtin heißin landin,
3410  do wonen blode luthe ynne;
    Der sunnen hitzce had daz vorhandin
    daz sy nicht blutis mogin gewynne.
    Er lichamme di vortrockin
    von fuchtikeid und von blute,
3415 Darumme si danne also vorstockin
    daz si blode werdin in dem mute.
    Ich gloibe wol daz keyn man
    lebe zcwar uf deßir erdin
    Der nicht zcwifele daran,
3420  eyn gebuer der mochte werdin
    Czu dem wappin bequemelichir
    danne eyn andir hantwergsman
    Her were großir, sterkir adir richir,
    wan her sich dez ritens neme an,
3425 Umme daz her sich hartir erbeid
    von jogunt uf had generit;

Der sunnen hitzce her vortreid,
di grobin spise her zcerit.
Her had nicht nod umme di bad
3430 der di zcertelinge phlegin,
Von waßir und brote werdit her sad.
ouch uf der erdin gelegin
In deme harnasche tag und nacht
mit erbeid getragin und gehabin,
3435 Wenig geslaffin und vel gewacht,
dez had her vor dicke enzcabin.
Wer mynner lust uf erdin had,
der vorchtit ouch mynner den tod;
Wer quaßis nummer werdit sad,
3440 deme tud gar we eyn cleyne nod.
Di rittirliche frolichkeid
mit loiffin und mit springin
Mannig hobischis spel zcu wege treid
mit schißin, werffin und ringin.
3445 Man sal sich wole vorsuchin
mit manchirlei bewegin
Und umme gemach entruchin
und nicht wiplichin vorlegin.
Di snellikeid di eyn man ubit
3450 von jogunt uf mit dem libe,
Di werdit wol unbetrubit
wo si daz vechtin sal tribe;
Wan wo du sehist eynen wisin man
kune, risch und ouch irwegin
3455 Und der wol gevechtin kan,
der ist eyn rechtir degin.
Und ab her wole nicht ist groz,
had her dez libis sterke,
Her ist eynes gudin ritters genoz;
3460 dit sal man an eme merke.
Vel beßir sint die behendin
di wißheid und sterke habin,
Danne di großin an allin endin;
dez had man dicke enzcabin.

3465 Di vischer und ouch di vogeler
　　und di daz tuch kunnen gewebin,
　　Schuchartin, snyder, butheler
　　und di stetlichin in fullede lebin
　　Und di er hantwerg ubin also
3470　daz sy darzcu stille sitzcin,
　　Der werdit man seldin zcu strite fro;
　　si togin nicht an di spitzcin.
　　Di smede di sint alliz gud
　　und di mit dem isin ummegen
3475 Und di do habin eynen solchin mud
　　daz si zcu ere erbeid sten.
　　Di zcimmerluthe und fleischhower,
　　di gißer und di steynmetzcin,
　　Di meßerer, becker und lower,
3480　di jeger di daz wilt hetzcin,
　　Dy herße und hindin vahin,　　　　　69ʳ
　　di bern stechin und di wildin swin
　　Und wolffe und andir wilt irslahin,
　　di sullin hirzcu gerechint sin.
3485 Wer di lant beschermen sol
　　und di strite zcu rechte uzrichte,
　　Der bedarf wißheid und gluckis wol
　　und daz en god ouch phlichte.
　　Ist her danne wol geborin
3490　und had gezcugis di gnuge
　　Und ist mit den sethin uzirkorin,
　　god mag eme gnade fuge.
　　Di hobischeid machit den ritter gut
　　und ouch sin menliche zcucht,
3495 Dy schemede daz her nicht missetut
　　und nicht vorzcagit noch tud flucht.
　　Griffit her ez nicht homutlichin an
　　und sin bestis rechte wol besinnet,
　　Her mag solche gnade darvon gehan
3500　daz her alle strite gewinnet.
　　Keyn ding zcirit di ritterschaft
　　also wole und also swinde

Also daz man si mit ganzcir craft
in dem gehorsamme vinde
3505 In den husirn und uf der straße,
si sitzcin, gen adir ritin,
Daz sy der sethe habin maße 69<sup>v</sup>
in eyntracht zcu allin gezcitin
Und nicht an eyme huffin
3510 loiffin dorch eynandir
Mit schrien und mit juffin
also di gebuer von dem tranke wandir.
Hi prufit man erin gehorsam bi
also ab sy czu velde legin,
3515 Wi ez danne umme si mochte gesi
und wi sy er wise phlegin.
Den sweristin schadin den man had
und von den vindin lidit,
Ist wan di ordenunge nicht had stad
3520 und man ane eyntracht stridit.
Wan sich daz volg also teilit
und bi eynandir nicht wel blibin
Und in hoen muthe geilit
und wel den ungehorsam tribin,
3525 So nemen sy dicke großin schadin
e danne man dez werdit gewar
Und werdit danne also beladin
daz ez uz der were kommit gar.
Dy hoiptluthe ouch in dem here
3530 di dez strites nemen war,
Di sal man richlichin nere
und mit gute haldin gar.
Abir di andirn und di geringin 70<sup>r</sup>
di do keyner ubunge phlegin,
3535 Di sal man mit solchin kostlichin dingin
wole do laßin undir wegin.
Ez ist vel gud daz man ez kan
und lernit mit wißheit vechtin
Und sich der ubunge nemmit an
3540 undir den rittern und knechtin.

Wan nymant stetlichin vorchtit sich
  vor deme daz her wole kan,
Ez ist eme gar gewonlich
  waz wol gelernit had eyn man.
3545 Waz ist der tregir ritter nutzce
  der ungeubit erbeitit ungerne?
Her kan wedir lant noch lute geschutzce,
  her wel ouch keynerlei gutis lerne;
Vorlorn zcu grunde ist der solt
3550   den man eme von hofe gebit,
Man salde eme nummer werdin holt
  an deme man solchis enzcebit.
In allin stritin fromit baz
  danne di mennige tud di sterke
3555 Und di wißheit, merkit daz,
  mit der god ouch wel werke.
Vele luthe wo di sint unvorstandin,
  di hindirn undir eynandir sich;
Wer icht redelichis had vor handin,     70<sup>v</sup>
3560   der thu darnach und merke mich.
Di freidigin ritter di sint gud,
  noch beßir sint di getruwin;
Di wißheit vor di sterke tud,
  di aldin gen vor di nuwin.
3565 Eyn getruwer ritter zcu den stundin,
  also spricht sente Bernhard,
Der wel nicht clagin sine wundin
  wan eme daz werdit geuffinbard
Adir sinen herrin anesehit,
3570   daz her vorwundit ist sere
Und also blutig vor em stehit,
  so clagit her danne nicht mere.
Salustius der spricht also
  daz di eyntrechtikeid si gar gud,
3575 Und den gehorsam achtit her ho
  wanne man etzwaz treflichis tud.
Große hulffe si dicke brengit
  mit gar wenig luthin

Wan der gehorsam dez vorhengit
3580 daz si sten wol zcu bedutin.
Da wedir ist di zcweitracht
und der eigener wille
Di gar großin schadin macht
wo man ez nicht kan gestille.

3585 Abir spricht Vegecius mere                71ʳ
in sime andirn buchelin
Und wel di fromen ritter lere
daz si sullin eyntrechtig sin:
Von nod so werdit gar spete
3590 dez stritis eyn obirwindin
Wan sich der zcweitracht gerete
under en do leßit vindin.
Di zcweitracht kommit von hochfard
adir von großir torheit
3595 Und werdit di nicht wol beward,
so geschit dem volke großis leit.
Di hochfart toug nicht in stritin
und ouch di torheit al darzcu,
God vorwaßit si zcu allin gezcitin
3600 und man mag vor er nicht gud gethu.
Wo der luthe erbeid ist groz
und di wappin swere zcu tragin,
Der geniez cleyn und dankis bloz,
di zcucht herte und wol zcu clagin,
3605 Do werdit von daz heer gar cleyne
wanne dit di lenge also werit;
Di eynunge vorget ouch reyne
wan man dez fredis nicht begerit.
Vel liebir hulffin si darzcu
3610 wo di erbeit cleyne were                  71ᵛ
Und wo man en gutlichin wolde thu
und en den solt ouch mere.
Di aldin ritter sullin nicht
uz den stritin blibin
3615 Di wile daz en nichtis gebricht

von creftin an erin libin.
Wan si den harnasch nicht mogin getragin
und zcu pherdin wol geritin,
So sint si dannoch in erin tagin
3620  gar nutzce in großin stritin:
Si kunnen gudin rad gegebin,
der fromit danne gar swinde;
Wollin di jungin darnach lebin,
sy mogin wol obirwinde.
3625 Czu dem erstin sint di schutzcin gud
wan man dez stritis beginnet.
Gar we man vorne der spitzcin tud
welch schutzce daruf sinnet;
Und wer daz panir furit,
3630  werdit danne der ouch geletzcit
Und ab man den hoiptman rurit,
dit si alle in engiste setzcit.
Di spitzce benemmit en den trost
werdit si zcidlichin gebrochin
3635 Und werdit daz panir danne gelost,           72$^r$
irschoßin adir irstochin
Adir dez stritis hoibitman
wer den kan danne gemerke,
So ist ez snel darumme getan,
3640  gar wenig hilft danne er sterke.
Daz snelle und gude geschutzce
der vinde ougin vorblendit;
Czu dem erstin ist ez gar nutzce,
den frechin mud ez wendit.
3645 Czu beidin sitin sullin si sin
di dez geschutzcis phlegin,
Sy wandirn ouch wol uz und in
darnach ez en ist gelegin.
Waz man in andirn dingin
3650  vorsumit adir vorlaßit,
Daz mag man wedir geringin
wan man ez andirweit vorvaßit.
Waz man abir in den stritin

vorlaßit und vorsumit,
3655 Daz kan man in den gezcitin
   nicht wedir brengin wan ez gerumit.
   Gar seldin kommit ez also dar
   wanne man zcu erst danedir lit
   Und der vorlust ouch werdit gewar,
3660 daz man darnach gewinne den strit.　　72ᵛ
   Darumme ist di vorbesicht
   in den stritin zcumale gud,
   Di wißheid di trugit den ritter nicht
   daz her daz zcu dem erstin tud.
3665 Schißin, swimmen, stigin
   sal eyn ritter wole lerne,
   Deße dry stucke in großin crigin
   mag man werlichin kunnen gerne.
   Man mag nicht wol gehabin
3670 obir alle waßir schone bruckin,
   Man muez ouch obir di tiffin grabin
   vel dicke gar hertlichin ruckin.
   Keyn ding ist zcu thune swere
   daz man heldit in der gewonheit,
3675 Darum sal man dit ubin sere
   doheyme mit stetlichir erbeit.
   Man sal ouch lernen vechtin
   gar wole zcu beidin sitin,
   Mit der linkin also mit der rechtin;
3680 dit hilffit sere in den stritin
   Und ouch in deme rynnen
   wan man mit beidin hendin
   Sich werit mit wisin synnen,
   czu den sitin beidin endin.
3685 Wo man had eynen kunen man
   der starg ist und ouch wise　　73ʳ
   Und gudin harnasch tregit an,
   der mag eyn heer geprise,
   Eynes forstin panir gefurin
3690 und allin endin daz beste gethu,
   Di vinde zcu dem erstin gerurin;

    deme sal man sine glichin schickin zcu
    Di danne zcu rechte uf en wartin
      und en habin in ere huthe,
3695 Di mit eme stehin in deme hartin
      und daz ende brengin zcu guthe;
    Und ab her do icht vorsinne,
      daz eyn andir daz vollinbrenge;
    Und ab her di stad muste rume,
3700  daz man ez vort danne irlenge.
    Wo swerlich ist daz legir
      vor den vindin mit dem here,
    Do sal man ouch kisin daz wegir,
      wi man kan, mit der were
3705 Und sich alumme wol begrabin;
      ab en dez nachtis felete di huthe,
    Daz man doch were mochte gehabin
      und en der grabe queme zcu guthe.
    Vor allin dingin ist daz gud
3710  daz man daz wol bestellit
    Daz dem volke nicht irschrecke der mud,
      ab man si snellichin obirvellit        73ᵛ
    Dez nachtis adir von ungeschicht,
      daz danne daz heer wol geordint si
3715 Und gereite wol uzgericht
      wer deme andirn sulle wesin bi
    An der spitzcin und bi deme panir
      und ouch zcu welchir sithin,
    Hindin, vorne daz deckin schir
3720  und ouch zcu pherde rithin.
    Und ouch ab eyn ungefelle
      an di spitzcin und an daz panir queme,
    Daz man daz also wol bestelle
      daz eyn andir daz snel an sich neme.
3725 Wan Aristotiles der spricht
      daz eyn cleyner erretum in dem beginne
    Wan ez nicht wol werdit uzgericht,
      mag gar eyn großis erresal gewinne
    E danne ez kommit zcu deme ende.

3730 dit sal nu eyn wisir hoibitman
    Vorhen besinne und abewende
    und bewarin, ab her ez kan.
    Dicke werdit gar eyn großis fure
    von eyme gar cleynen funkin
3735 Und wan man em nicht zcidlichin wel sture,
    so ist der gebu zcumale vorsunkin.

Nu spricht abir eyns also         74ʳ
    in sime dertin buche Vegecius:
    Eyn fromir ritter werdit fro
3740 wan her dorch frede zcuhit us.
    Sal man den frede gewinne,
    man muez darumme vaste rithin
    Und uf di herferte dicke sinne
    und biwilin ouch darumme strithin.
3745 Mannig hertis legir ouch danne
    habin tag und nacht zcu velde
    Und darumme vechtin, si wißin nicht wanne
    sich di vinde wollin melde.
    Sy mußin lidin hungir und dorst,
3750 vel dicke ouch gar große hitzce
    Und von regin und winde forst,
    von donnerwettir und von blitzce.
    Ab en darnach di ere enstehit
    vor andir borgere und gebuer,
3755 Ummesuz daz werlichin nicht geschehit
    wan er wage ist groz und werdit en suer.
    Nicht sal man sich laßin vordrißin
    wo man mit here zcu velde lid,
    Daz di waßir di nicht mit strame flißin,
3760 der man do zcu nutzcin phlid
    Di sal man gar wol bewarin
    daz si nicht vorgiftigit werdin;
    Groz schade mochte en wedirvarin     74ᵛ
    beide an luthin und an pherdin.
3765 Ez twingit dez hungirs gebreche mere
    daz volg zcu manchin gezcitin

Den si dicke gewinnen in dem here,
dan daz stormen adir daz stritin.
Der hungir ist eyn scharffis swert
3770 und obirwindit ane erbeid,
Her machit daz man dez fredis gert.
darum so biz zcu dem erstin bereid
Daz du spise gnug irwerbist
di man dir stetlichin brenge,
3775 Und nicht mit dime volke vorterbist
wo du zcu velde blibist di lenge.
Kanstu dez ouch gedenkin
daz dine vinde keyne spise han,
Du macht si darmede so sere crenkin
3780 du gewinnest en lip und gud an.
Nymant kan behaldin sin gud
danne mit gudin rittern und knechtin
Di wol getrost sin und habin mud
und ez werin und wedirvechtin.
3785 Darum sal man di lieb han
di wole darmede kunnen,
Dy mennige dez volkis dez nicht kan
wan si sint darzcu unvorsunnen.
Di kunst di get der mennige vor
3790 mit wißheit und mit creftin,                    75ʳ
Dy mennige dicke daz wol verlor
wan di irvarnen daz nicht beheftin.
Daz werdit gar sichir vollinbracht
dez sich di vinde nicht vorsen
3795 Und wenig daruf habin gedacht,
daz ez en ummer sulle geschen.
Darumme sint di liste gud
der man heymelichin beginnet,
Und di ufsetzce di man tud,
3800 und di huthe wer di wol besinnet.
Gar große ding di lin daran
ab man den strid sulle vorzcihin
Adir ab man en hebe zcu stunt an
wo man nicht vone mag geflihin.

3805 Man meynet dicke di hervard
    sulle schir eyn ende habe,
So werdit ez danne lengir gespard
    und get nicht zcidlichin abe.
Also lidit man danne gebrechin
3810 in den stetin adir in den sloßin
Und kan daz danne nicht vorbrechin,
    dit machit di luthe vordroßin.
Darum ist dit di rechte wise
    wo man sich dez heris vorsehit,
3815 Daz man sich richte vor uf spise
    e danne ez also geschehit.         75ᵛ
Wo man mit here zcu velde lid,
    do ist ez darmede nicht sad
Daz man sich uf di selbin zcid
3820 lagirt an eyne beßir stad.
Kan man noch eyne beßir vindin,
    di sal man zcuhant nemen in
Uf daz sich der nicht undirwindin
    di vinde di do kegin en lin.
3825 Wo man zcu den sitin nicht kommit zcu,
    do ist dez heris legir gut
Und hindin und vorne mag were gethu,
    do werdit ez lichtlichin behut.
Ez meynen etzliche weppenere
3830 di stritis nicht vel habin gephlegin,
Wan man di vinde kunne beswere
    daz si in solcher maße werdin belegin
Von geberge, waßirn adir grabin
    do sy vor en legin ynne,
3835 Daz si keyne flucht mogin gehabin
    und en nicht mogin entrynne,
Daz sy zcumale unmaßin nutzce,
    wo man sy also kunne ummeringe.
Sy lernen sich dez wole schutzce
3840 vor deme selbin hertin dinge;
Ez wechsit dicke di kunheid
    von engistin und von missetroste

Wan cz en also herte werdit geleid,
   daz si danne daz selbe loste:
3845 Also wan si sahin er vorterbin           **76ʳ**
   und daz si nicht kundin darvone kommin,
So woldin si danne erlichin sterbin
   und irkregin darvone großin frommin.
Darum so sprach her Scipio,
3850  der freidigir romischir ratisman:
Man sal den vinden stad laßin also
   daz er volg von dannen geflihin kan.
Wan wer do von dem strite fluhit,
   sine frunde her sere irschreckit;
3855 Di zcageheid darvon uzbluhit,
   dy kunheit der vinde her dirweckit.
Und wo man große sichirheit had
   und sich keynes schadin vorsehit,
Do gewinnet di flucht di großtin stad
3860  wan man der vinde zcukunft vorstehit.
Wer uf den schonen wesin ißit
   und slehit sine pherde an daz graz,
Gar sere sich danne der vorgißit
   in siner reise umme daz.
3865 Her vorchtit sich villichte gar cleyne
   und mochte großin schadin enphan.
Dy unbesorgetin ich hi meyne
   di eris dingis keyne achte han,
Dy nemin biwilin großin schadin
3870  und werdin darzcu der luthe spod;
Si wollin in allin waßirn badin           **76ᵛ**
   und kerin sich an nymandis gebod.
Keyn großir schade dem volke geschehit
   daz sich nicht wel besorgin
3875 Und alz mit lustin ummegehit
   beide den abunt und den morgin.
Wer achte danne uf di selbin had
   und si stormlichin irschreckit,
Der machit si mit cleynen dingin mad;
3880  also werdit er schade irweckit.

Nummer sal man dez begynnen
daz di vinde gerne sehin,
Sundirn allezcid daruf synnen
wi nutz und frome moge enstehin.
3885 Keyn homud sal unz darzcu brengin
daz wir icht laßin undir wegin
Und icht vorkortin adir vorlengin
dez wir noch nutzce mogin gephlegin.
An di spitzcin setzce man nicht
3890 eynen ritter, ab her sin begert,
Deme zcu stritin kuntschaft gebricht,
wi frome her si adir wi wert.
Ez hilffit da wedir adil noch gud,
schonheit, kunheit adir frunde,
3895 Sundirn eyn starkir, wisir mud;
und wer wol darmede kunde
Und were vel darbi gewest
und hette god lieb und sine ere,          77ʳ
Der dorfte nicht machin groz gebrest,
3900 god hulffe em harte schere.
Ez sprichit sente Augustin:
wan du wilt zcu deme strite gen
Und tust an daz wappin din,
so saltu daz ouch wol vorsten
3905 Und daz di wile merke
daz god din hoestis wappin ist,
Der dir gebit dez libis sterke
und dich behutit zcu allir frist.
Her gebit dir ouch di wißheid
3910 daz du den seg wol beheldist
Ab sich din hoffin zcu em treid
und dine hende kegin em feldist.
Du macht dine vinde obirwindin
ab dir wol der sterke gebricht,
3915 Und zceichlichin sine gnade irvindin
ab din munt sin lob di wile spricht
Und din herzce stet in eyme getruwin
also daz her dich nicht vorlaße

(Dine sunde di laz dich ouch ruwin
3920 und daz du sy mere wollist vorwaße),
So habe keynen zcwifil daran
god hilffit dir danne vechtin
Und wel dich mit nichte vorlan
stestu noch dem rechtin.

3925 Trostlich sal eyn herzcoge sin,        77ᵛ
wackir, nuchtirn und wise
Und alle sache nemen in,
sin volg haldin in solchir wise
Daz her beware di zcweitracht
3930 daz di nicht neme obirhand;
Wo di undir en werdit gemacht,
dez sal her sturin alzcuhand.
Den strid hebe her mit nichte an,
ab her den kan wol gelaße,
3935 Wan di sinen zcweitracht han
biz her di wol gesaße.
Keynen strid sal her besprechin
czu haldin uf eynen bestacketin tag
Her irkenne dan siner vinde gebrechin
3940 daz her en wol angesegin mag.
Ez kommit dicke daz eyn cleynes heer
eyn großis, starkis obirwindit
Und tud mit listin sine weer
daz ez sine vinde schindit.
3945 Dit ist eynes wisin herzcogin schult
der daz kan wol uzgetichtin
Und mit gotis vorchtin ist irfult
und sin volg kan angerichtin.
Ez ist gar sere unglich
3950 czu der zcid wan man stritin sal,
Daz di mudin machin sich        78ʳ
an di geruwetin mit glichir zcal,
Eyn betrubetir kegin eyme frolichin
und eyner der do loiffit bloz,
3955 Kegin eyme gewappintin richin,

eyn crankir kegin eyme mit sterke groz.
Und wan man danne stritin sal,
  so sal eyn herzcoge kune und wise
Irvorschin in sime heer obiral
3960  heymelichin und lise
  Waz sine ritter danne clagin;
    ab sy sich darzcu gehabin wol
  Adir ab sy darkegin vorzcagin,
    darnach sal her sich ratis irhol.
3965 An erin antlitzcin merke her daz
    und ouch an erme gange,
  Dy rede meldin ez vel baz
    ab en darzcu ist bange.
  Nicht strite her, daz rathe ich,
3970  wan en swere darzcu ist;
  Ez anit den luthin sichirlich
    wan sy eris gluckis han vormist.
  Getruwe nicht alzcu sere darzcu
    ab di jungin ritter stritis begern,
3975 Noch den wol vorsuchtin saltu thu,
    di jungin mogin dich nicht gewern.
  Wan der herzcoge vormanunge tud,
    daz hilffit daz volg gar swinde,        78$^v$
  Di sterke wechsit und der mud
3980  und helffin em obirwinde.
  Alz mittin in den striten
    sal der herzcoge mit siner gewalt
  Czu der rechtin hant do riten
    uf daz sin volg werde wol bestalt,
3985 Czuschin den di zcu pherden sint,
    und den ouch di zcu fuße gen,
  Di her alle zcusammen bint
    und heißit si danne veste sten.
  Do ist her allirbeste bewart
3990  und mag sin volg geschicke,
  Eynen iclichin noch siner art
    und di sinen vormanen dicke.
  Eynen rad sal der herzcoge ouch heymlich mache

umme eyn ding dez her nicht willin hat,
3995 Und laße danne eynen meldin di sache
und thu di wile eyne andir tad
Daz nicht vel luthe wißin
und do em nutz mag von ensten,
Also werdin sine vinde beschißin
4000 wan man eyme andirn nach wel gen.
Und wan man icht ernstlichis wel begynne,
do heische man vele luthe zcu
Und bethe rad und daruf synne
und eynen iclichin sin bestis thu.     79ʳ
4005 Wan der herzcoge danne had gehort
den rad von den sinen allin,
So achte her eynes iclichin wort
und laße em di wole gevallin.
Daz beste sal her danne uzirwele
4010 noch sime eigin synne und rathe
Und mit sinen getruwin obirspele
und thu darnach danne drathe.
Etzliche ramen gudir zcid
noch dez himmels loiftin
4015 Wan si sullin haldin den strid.
dit habin di ungetoiftin
Di wisin Babilonischin zcu dem erstin fundin
und wise Judin mit den heidin
Di dez gesternes kunste wol kundin,
4020 dit vindit man geschrebin von en beidin.
Moses und ouch Abraham
kundin deße kunst gar wol
Abir god en mere zcu hulffe quam
und liez syner gnade sy sich irhol.
4025 Ab wol der himmel wedir sy waz,
dannoch sy di strite gewunnen;
Dez himmels meistir machte daz
den sy allezcid wol besunnen.
Den konnig Daviden und Josuen
4030 god selbir stritin larte     79ᵛ
Wi sy darmede soldin ummegen,

er iclichir darnach gebarte.
Judas Machabeus genant
der streid manchin ebinturlichin strit,
4035 Dez ritter ordin her sich undirwant,
sin hoffin zcu gothe waz allezcit.
Vel nutzcir der Judin gehorsam waz
den si alz zcu gothe trugin,
Danne di lune di man den heidin laz
4040 di sy ane were irslugin.
Noch so ist ez gud darmede
wer solche kunste wole kan,
Abir god gebit den seg und den frede
wedir daz gesterne wem her ez gan.
4045 Dez muez ich eyn wenig schribin
doch von den selbin kunstin
Uf daz ich ouch moge blibin
in myner jungin herrin gunstin
Und der andirn myner frunde
4050 den ich deßin spigil schenke
Und gesmuckete ab ich daz kunde,
daz sy myn gutlich woldin gedenke.
Wan der mand in den zcwillingin ist
adir in dem crebiße adir schutzcin,
4055 Mit gotis hulffe zcu der frist                    80ʳ
den luthin si danne nutzcin
Di dez stritis beginnen,
habin si darzcu rechte sache
Und in demud mit gotis hulffe gewinnen,
4060 do sal er mud nicht ane swache.
In Saturnus und in Martis stundin
(wer di wole kan gerechin)
Der erst zcu velde dan werdit fundin,
der gewinnet also di meistir sprechin.
4065 Wan Saturnus ist bi der sunnen
adir Mars mit Mercurio sted,
So werdit der strid von deme gewunnen
der zcu dem erstin darzcu ged.
Dit sal geschen ane hochfard

4070  und alz ane großin obirmud
      Und daz man zcu gothe si gekard
      und nicht vorgiße unschuldigis blud.
      Wan Mars in deme tarande were,
      wer crichisch howe dan bi eme truge,
4075  Den sterkete ez unmaßin sere
      daz her sine vinde vinge und sluge.
      Isere zcu eyme schapele gemachit
      phlag uf zcu tragene Hercules;
      Daz glucke en danne anelachit,
4080  in sinen stritin enzcub her des.
      Johannes mit dem guldin munde          80ᵛ
      furit ouch eyne solche rede
      Der man eme zcu etzlichir stunde
      gar wole mag gevolgin mede:
4085  Ez fluhit dicke eyn kuner man
      wan sin vechtin ist obirwegin
      Und wan her sehit, daz her nicht kan
      der winnunge wol gephlegin;
      Und daz ist keyn schande ouch nicht
4090  in eyner solchin maße,
      Eyn tore dicke vorgebins vicht
      und mochte ez wol gelaße.
      Mag her abir darvon nicht kommen
      daz en der schade wel drucke,
4095  So were her sich zcu frommen,
      villichte mag ez em glucke.
      Vel dicke ist ouch daz geschen
      daz eyner bestunt starkir dry
      Wan her en nicht mochte engen
4100  und bleib vor en dez schadin fry.


      Dit ist nu der ritter spigil
      darynne si sich sullin beschowin
      Bevestint mit der togunde sigil.
      god laße en der wol gezcowin!
4105  Weme sine ougin triffinde sin

und had lastirblattirn darynne,
Der sal nummer gesen hirin
her mochte darvone fleckin gewynne.

# Lesarten und Anmerkungen

4. sines.  5. zornete.  8. getan.  9. swur.
11. gebur.  13. ließe.  15. syne.  20. wölde.
21. tud.  23. toginde. ser.  25. gute.  26. blu-
windi.  31. sogetaneme.  34. buferie.  35. by.
36. roubin.  38. togide.  41. frōmedi.  48. dinet
*statt* dintet *Bartsch*. frōmedin.  51. frōmedin.  54. uwirs
armen.  55. hēby.  56. darū. eme.  60. zcwelf.
75. kraft.  78. bly.  81. dokegin.  82. darine.
87. krankin.
100. v n d geslacht.  102. böse.  104. vil.  107. in
*über der Lücke zwischen* do *und* geschrebin *nachgetragen*.
110. toginde.  112. liecht.  115. hee.  116. tö-
ginde.  120. darine.  122. vil mer.  124. vns.
130. abrahāmes. swur.  131. keyn.  132. houbtsiech.
133. vil.  137. bly.  140. wedirglantz.  143. kraft.
144. togintlichin.  148. böse.  155. v̄d *verb. aus* vzc.
159. kruz.  169. glasus.  176. o u c h gesprochin.
181. von *statt* in.  182. doch *statt* dich *Bartsch, vgl.* 470.
183. klug.  184. vorgenglich.  186. er *statt* e.
187. gebort.  188. edelichin.  193. größirs.  194. größir.
197. mer.  198. waz.  199. kleyne. scher.
201. bösir.  205. gecleyde.  206. dime.  207. tyrin.
209. ussin.  213. nicht *fehlt.* kleid.  215. di liebin
luthe wördin.  220. vorgesßin.  224. tögindin.
225. tagelöner.  231. ansich, e *nachträglich übergeschrieben.*
238. mer. gegoyme.  240. vorgehin. troyme.  243. vor-
gehin.  244. klingin.  250. ließin.  252. er *nach-
träglich übergeschrieben.*  256. daz *nachträglich über-
geschrieben.*  257. irluchtin.  263. herzoge.
265. keiser.  267. mer.  271. mānigfald.  272. schir.

274. tornyrin.  275. schöne.  279. folgin.  280. gefechte.  294. arbeitin.  298. böse.
309. folge.  316. tust. wole. getan.  325. vntöginde.  335. forchte.  343. togīthaftis.  348. frömer.  357. wole.  358. keginwerdig.  361. begīne.
363. darīne.  371. daz *fehlt*.  383. eme. vntoginde.
387. sīne.  390. sanwitzkeid.  392. bösin.
394. vil.  395. ergen=iergen.  399. togītsā.
404. folgin.  407. im.  410. der *verb. aus* den.
hāt *nachträglich über die Lücke zwischen* der *und* fry *gesetzt.*
411. wole.  412. erm.  413. kouffin. güthir. fry.
414. güthe.  415. gebür. sy.  418. guthe.  422. den
herrin hofe. rithin.  426. fryguthin.  429. togītsā.
431. kōmen.  439. sich *nachträglich über die Lücke zwischen*
dinstis *und* nicht *gesetzt.*  440. krigin.  442. geschet.
446. belehinte.  453. anbegīne.  455. besīne.
462. vorgehit.  464. bestehit.  467. din.  471. anrurit.
473. vnglucke *statt* nu glucke.  477. nūmer.  482. gehörit.
484. wißhit.  485. besīnest.  489. antribin.  490. besīnen.
492. gewīnen.  493. bösis.  495. gelīphlichin.
500. lutte *statt* lutit *Bartsch.*  502. sinen.  519. abegehit.  523. vntogīde. begīne.  542. do *fehlt.*
549. di *statt* der.  551. vele *fehlt.* d o tod.  556. folg.
560. edeler man.  562. hirīne nu.  563. tögindin.
565. toginde.  567. eȳ teil *nachträglich über gestrichenes*
darzcu *gesetzt.*  569. *Hinter* man *gestrichenes* furit an sime.
570. syme.  571. en *nachträglich hinter* eyn *gesetzt.*
572. tyris.  580. darmete.  581. erin.  584. kreftin.
588. folgin.  590. dān *statt* darumme. fry.  592. by.
593. d a z silbir.  594. gewoppintin.  595. syn.
596. feldin.  597. zcweier.  598. eme. felt.  599. woppin.
602. deme. felde.  606. vneedelich, *das zweite* e
*nachträglich über durchstrichenes* n *gesetzt.*  607. woppin.  608. schedelich.  610. woppin.  613. gehalbirt.  615. bunt *,obere Schildhälfte‘, zur Erklärung*
*vgl. Petersen S. 105 ff.*  615. der. felt.  621. fogil.  628. woppin.  633. woppin.  641. vele.
velt.  649. gehörit.  652. ere. kraft.  655. fogeln.

658. gehin.   662. sint. sint.   665. krud.   666. boyme.
669. felt. feldin.   671. gemelden.   675. druwe.
676. schedelichī.   687. houbit.   689. *Über*
konnige *vgl. Petersen S.* 85*f.; doch scheint sich aus dem von
Rothe verfaßten Rechtsbuch Johannes Purgoldts Buch I,
Kap. 34 zu ergeben, daß* konnige *und* unechter *Einschub für*
di *sein wird, zumal der Vers überlang ist.*   695. den
verb. aus dez.   699. mit sime.

703. man *fehlt, erg. von Bech.*   705. den *fehlt.*   718. vnd
togītsam.   727. togintlichin.   730. daz.   732. an
gezcweie.   736. heschaft.   745. allir erste (!).
749. heeris.   754. heere.   757. tatin.   760. me
*fehlt.*   769. und *fehlt.*   783. ytalien   796. sacztin.
797. eme. guthe.   798. lehene.

811. kleyner.   821. roubern. dẏbin.   823. wuchir
setzce *statt* wuchirschetzce *Bech.* lẏbin.   824. feste.
klebin.   838. vorfechtin.   839. vnd daz em dez
richis schade.   842. beschürin *verb. aus* beschyrmin.
844. stürin.   845. vngloubigī.   846. bösin.
850. fingirlin.   853. geschehin.   854. gesatz.
855. gehī.   864. cristin gloube.   871. tögindin.
873. lātgrafe.   875. krig.   877. nuenzcēdin.
878. ysenache.   883. ansach.   891. kronikin.
892. vns.   895. forchtī.   896. togintlichin.

906. dez *statt* der. vele.   907. rithin.   910. di *statt*
der. drierlei.   912. guldin. ey.   913. di ere.
914. di *fehlt.*   921. kleidir.   924. toginde.   925. bösin.
926. vntogintlichī.   935. mit *fehlt.*   938. vihi.
940. zcihi.   946. en *statt* er *Bartsch.*   947. klostirnūnen.
enzcegin = entsegin.   955. heisin.   956. roube. vyre.
964. torney.   965. ser.   969. roubin.   970. bösis.
971. gloubin.   974. schön.   975. möchtī.   978. rou-
ber. gloube.   980. beroube.   981. roubin *statt*
roibe *Bartsch (Anm.).*   982. geschet.   993. deme.
995. und *fehlt, vielleicht streicht man aber besser eins der Ad-
verbien.*   996. *Nach* hindīnoch *radiertes* t.   999. und *fehlt.*

1008. begeyne.   1011. vorzcagin.   1015. ez daz
mā *statt* daz man ez *Bartsch.*   1017. enzcegin = entsegin.

1018. en. 1019. dānoch. brif. 1020. feldin.
1023. er *statt* c. 1026. falscheit. 1028. bösin.
gewīne. 1030. römischir. 1033. fiende.
1036. falsche. gewīne. 1041. gestehist. 1043. frōmen.
gehist. 1045. *Am Rande* lib⁰ 2⁰. 1050. gehit.
1051. festin. 1052. wachindīs. 1065. ritteschaft.
1067. gebörin. 1068. di *statt* der. 1069. en *statt*
eme. 1075. eme. 1090. deme. 1092. forchtin.
1093. mit e r i n. togītlichī. 1094. kunheid *statt*
demud *Kunisch*. 1095. v n d in d e m u d di, *gestrichen*
*von Kunisch*. gewīnen. 1096. gefechtin. 1098. hoch-
fertelichin. 1099. vil.
1102. gaba. einē. 1104. eyner *statt* der. 1108. loube.
1113. flehetin. 1118. wedir uch der finde, *umgestellt*
*von Kunisch*. 1120. ane rytin. 1122. irscheckin
*statt* irschreckin *Bartsch*. 1130. mit s i m e. 1136. da-
rane. 1146. heere. 1147. filin. 1152. klug.
1156. festin. 1159. gefochtin. 1161. hochfard.
1180. vngloubiger. 1182. erin *statt* er. 1185. beroubin.
1187. cristingloubin. 1188. zcu e n kratzcin.
1190. rithin. 1191. holt. 1193. hirīne. 1194. sulle
*nachträglich eingefügt*.
1200. fiendin. 1208. bösin. 1215. dar noch, r
*aus* z *verb*. 1218. schēphe. rithin. 1221. nicht
*fehlt, erg. von Bech*. 1228. klug. 1239. forchte.
1246. gloubigin. 1249. fingirlin. 1251. kleynote.
1253. fingirlin. 1258. cristin gloube. 1260. beroube.
1262. feste. 1263. deme. 1268. lieb. 1271. cri-
stin gloubin. 1272. vngloubigin. 1275. feste.
1276. gloubin. 1277 keyner *statt* keyn *Bartsch*.
1280. gloube. 1283. lebinde. 1285. krankin.
1286. hörin. 1288. vorstörin. 1289. di *nachträglich*
*eingefügt*. 1293. krönit.
1302. cristingloubin. festikeid. 1305. snödin.
1315. di ketzcer *statt* den ketzcern *Bech*. ab. 1316. cristin
*statt* ritter; cristin *wohl aus* 1322 *übernommen*. 1318. vns.
1320. fiende. 1321. telgin. 1323. hirīne.
1327. der c r i s t e n ritter. 1329. roubischē. 1333. und

*fehlt.* fingirlin.    1335. soldin. syn.    1340. fingir.
1341. goltfingir.    1343. kraft.    1344. puls.
1346. schönis.    1348. gelobit.    1349. fingirlin.
1359. begïne.    1360. toginde.    1363 der ritter
*statt* dez ritters *Kunisch.*    1364. togintsam.    1365. feste.
1371. bösin.    1377. sy.    1378. syme.    1379. by.
1380. muchte.    1382. muchtin.    1383. sinen *statt*
sine *Bartsch.*    1389. vorsmehit.    1391. gehit.
1392. vorfelit.    1395. daz *statt* dez *Bartsch.* vntogunt.
1396. den *statt* vor.    1397. fingirlin.
1404. syme.    1405. gebörit.    1409. tögindin.
1413. sïnes.    1416. gehin.    1418. sy.    1420. ly
( = ligin).    1422. krāgmutigin.    1423. deme.
1425. alzo.    1427. en *fehlt.*    1433. dē geiste.
1435. geleiste.    1439. deme.    1442. er. frömikeit.
1443. vil.    1445. folgin. muez.    1446. tögindin.
1450. mer.    1458. edilichin.    1459. man daz an.
1460. en. geborn.    1465. owisiger.    1467. gekrönetï.
1470. bösin. sethin.    1471. wēdir.    1488. alle *statt*
allen *Bartsch.*    1492. von *fehlt.* eynē geborn herrin.
knecht.    1499. richtūmis.
1502. låstirlich, a *aus* y *verb.*    1510. frömede.
1514. toginde.    1515. edelichin.    1519. deme.
1528. toginde.    1537. *In* gehabe *das zweite* c *über
durchstrichenem* in.    1539. eme. gehit.    1551. folgin.
1552. sin.    1555. toginthaftig.    1559. togindin.
1560. alle.    1563. böthils.    1569. eme.    1571. könde.
1574. vornuftig. dar by.    1576. sy.    1578. gesehin.
1580. vor dir (!) *statt* vordir *Bech.*    1582. gehörit *statt*
geborit; *vgl.* 1405, 2176.    1585. eme.    1596. bly.
1598. sy.
1601. in *statt* an. getrete.    1602. fordir.    1625. flehete.
1626. geduldig *über gestrichenem* senftmutig. *Hinter* gar *ge-
strichenes* guti.    1629. nam.    1633. irbame.
1639. kleid.    1644. forchtit.    1647. gloubin.
1649. fient.    1668. deme. mer.    1670. vnd ouch.
swer.    1672. klingin.    1675. bestehe.    1677. abe-
gehe.    1686. bösin.    1687. lued.    1688. slehit.

1689. edilkrut.     1691. krigis.     1693. deme.
1695. machit.     1697. werdet.
1703. beware.     1705. dare.     1710. gefaße.
1713. gefaßin.     1716. daz *statt* der *Bartsch.*     1718. re-
thin.     1720. begīnet.     1721. ouoh *mit Strich durch*
u *und* c.     1725. werdit.     1726. swachit.     1729. be-
erbit *über durchstrichenem* vorterbit.     1734. bufin.
1753. scher.     1761. vil. wole.     1766. gebörit. kleid.
1769. zcẏ.     1770. möge.     1771. flẏ.     1777. böse.
böse.     1779. yn.     1780. möchte.     1781. frömedir.
böse.     1783. möchtist. dyr.     1786. togītsämen.
1797. farwe.     1798. korsse.     1799. grav.
1801. komen.     1802. den.     1807. vele. töginde.
1809. töginde.     1810. togintsā. sy.     1811. nich.
1814. sted.     1815. dez *statt* daz.     1816. gesched.
1818. begīnet.     1824. nicht *fehlt.*     1825. schyßin.
1829. eyner *mit nachträglich eingesetztem* r.     1836. gehit.
1844. krang.     1847. vil.     1853. kleyne.
1873. louffit.     1874. eme. glich *statt* unglich *Bartsch.*
1876. törlichī.     1884. ihehin.     1887. so *statt* do.
1891. töge.     1895. böse.     1896. kleid.
1904. kleid.     1909. tögīde.     1921. spricht. houbit.
1923. irloubit.     1937. an.     1938. sich. krang.
1940. vorlīsin.     1944. darīne.     1957. wil.     1962. krusis.
1964. töginde.     1965. vntogintsam.     1968. bosīn.
1969. gesy.     1970. hönit.     1971. phy.     1972. beschönit.
1974. schönir.     1977. töginde.     1983. toginde.
1984. mānigfalt.     1988. farin.     1989. syme.     1990. bère.
1991. hölich.     1996. brengit.     1997. sy *statt* sin
*Bartsch* (*Anm.*).
2001. gehin.     2003. stehin.     2005. zcufelde.
2006. gerethin.     2012. togintliche.     2013. kleid.
2019. kan *statt* undirtan; *die Emendation bleibt eine Notlösung.*
2032. vele.     2036. krefte.     2040. der *statt* di. togunt *statt*
mogunt.     2041. togintsam.     2043. bösin.     2046. feste.
2048. gewīne.     2053. zcoym.     2056. kleid.
2072. folge.     2077. beroubin. 2078. krigis.     2079. cristin
gloubin.     2082. er. rouber.     2084. er.     2086. gefangin.

2087. *Hinter* ouch *durchstrichenes* sich. 2088. er.

2092. *Über* anendelich = unendelich *vgl. Bech Germ. 6, 58.*

2095. hen *nachträglich eingefügt.*

2105. fiendis. 2106. gefangin. 2111. er gebe.

2112. yn. 2120. kleyne. 2123. lachinde. 2127. kleyner. 2129. schriet. 2136. fingirduthin. 2139. erme.

2145. ez ist. v̄mer *statt* nummer. 2156. gehit.

2157. roubin. 2158. druet '*gedeiht*', *vgl. Bech Germ. 6, 56 u. 63 und DWB 2, 1456 s. v.* druhen. 2159. gloubin.

2162. trückin. 2168. eme. fugen. 2178. irkrigin.

2180. sullin *fehlt.* 2182. koufschatz. 2185. koufmā.

2188. yn. 2189. syme. huez. 2190. dez *statt* daz.

2193. kouffin. 2195. slouffin. 2198. wole.

2199. synen.

2209. reißigin. 2211. gehin. 2213. v̄me gehin.

2215. drehin. 2217. viheczucht. 2221. fiende.

2222. beroubin. 2223. darīne. 2224. cristī gloubin.

2225. erin. 2230. fechte. 2236. wogin. 2252. nicht *nachträglich eingefügt.* 2253. vngloubigin. 2255. fiende.

2262. rechtī. 2264. fechtin. 2268. cristī gloubī

2270. bösin. 2271. vns. gloubin. 2282. doch *statt* ouch. vnrechtī. 2284. wedirfechtin. 2291. krigis.

2297. swer *statt* swere *Bartsch (Anm.).* 2299. wedirker *statt* wedirkere *Bartsch (Anm.).*

2302. darby. 2321. vns. 2322. vns. 2323. vns.

2336. eme. 2343. daz *statt* do. 2344. mit dē.

2351. vntogindī. 2352. falschin. 2361. houbit.

abe slahin. 2375. kleyne. 2382. gewyhetī. gotis

huez. 2386. wil. 2388. siner māne vntruwe sich

meldit; *emend. von Zwierzina.* 2389. gebörit, b *aus* h

*verb.* 2399. muß.

2400. *Vor* nymant *durchstrichenes* en. 2402. er.

2405. forchte. 2409. forchte. 2414. folgist.

2415. gehin. 2418. daz *fehlt.* 2319. kraft.

2427. fele. 2428. fiende. 2429. spricht.

2430. ser. folkis. 2431. gar v̄me sus. 2437. irfarin.

2438. fiende. 2439. si *nachträglich eingefügt.*

2445. kleyne. 2456. so *statt* si *Bartsch.* fiendin.

2465. kreftin.   2469. spricht.   2473. er.   2480. krigin.
2481. v̄me gegehin.   2483. ez *statt* ist.   geschehin.
2488. ser.   2489. römer.   2491. mer.   2495. arbeit.
2501. infal.   2503. vele.   2509. her *statt* man.
2514. ser.   2517. ser.   2524. mydin.   2530. syme.
2538. vormyde.   2549. der *verb. aus* dez. vorstehit.
2550. töginde.   2551. nach gehit.   2560. allirbest.
2563. darūdir daz.   2566. wegin.   2569. syn.
2570. wol.   • 2572. sich eris. irhol.   2574. vör.
2575. herschit '*sich rühmt*', *vgl. Lob der Keuschheit 5416f.*
2576. kör.   2583. vns.   2589. nutzce.
2590. wy.   2594. leyen.   2598. wy.
2604. kleyne.   2606. her *fehlt, erg. von Bartsch.*
2616. vele.   2624. syme.   2629. sybin.
2631. sybin.   2635. follīkōmē.   2641. vorstehit.
2643. dorch gehit.   2647. *Hinter* und *gestrichenes* ge.
2652. orgiln.   2665. toginde. by.   2667. sy.
2673. vel *statt* wel.   2675. frōmedī.   2676. vnto-
ginde.   2679. her *statt* ez.   2681. lẏge.
2683. betrẏge.   2693. sybin.   2695. follīkōmē.
2701. geswūme *statt* geswimme *Bartsch (Anm.).*   2703. ge-
krūme *statt* georimmc *Bartsch (Anm.).*   2711. krigin.
2714. tornyrin.   2717. ryngī.   2718. gefechtin.
2741. dybe.   2742. rouber. geroubin.   2743. en-
kunnen = entgunnen.   2744. gloubin.   2748. r *in*
werdistu *nachträglich eingefügt.*   2753. geritschaft *statt*
gereitschaft *Bartsch.*   2754. gehin.   2756. bestehin.
2759. *Vor* gehorit *durchstrichenes* be.   2760. fierley.
2762. *Vor* dez *ein durchstrichenes* dez.   2764. den.
2766. gewoppint.   2767. di *statt* ding.   2771. *Vor* lang
*durchstrichenes* do.   2772. heere.   2778. fier. stucken.
2780. wole.   2783. louftig.   2791. schönc.   2793. fient.
2795. ez *statt* en. eynē.   2796. kleyne.   2797. gloubit.
2808. ȳne.   2809. gefechtin.   2811. stehin. rechtin.
2812. klug.   2816. sẏ. fiendī.   2819. strite.
2827. gar unherferit her gar.   2828. sal a bir, *der Nach-
satz mit der Antithese zu 2826 ist ausgefallen, woraus sich die
Veränderung von 2827 erklärt; es fehlen wohl zwei Reim-*

*paare.* 2830. gehöre. 2832. gehe. 2833. gehörit. 2835. folg. scher. vorstörit. 2837. den. 2841. tede di gewonheid. 2843. vnd queme. gebur. 2844. sölde. 2846. eyne flegiln. 2848. ez em. 2852. wöldin. 2854. gebörin. 2856. wo *statt* daz; *vgl.* *Düring. Chron. Kap. 543 und 567.* vorlörin. 2859. höbisch. togintsam. 2863. falsch. nyd. 2873. beroubin. 2875. gloubin. 2887. böse. 2890. vorlorn. 2891. sich nicht. 2894. kreyz. geswegin. 2895. vf daz. kune *statt* kume *Bech.* gesehen. 2896. syn. 2900. möchte. 2907. vnd so. 2909. hůte. 2910. feste. 2911. můte. 2915. hanasch. 2916. feste. 2925. anedelich. 2928. togīdin. fortin. 2930. ser. 2931. machit. folke. 2932. bereitit. 2938. brifin. 2939. fiendin. 2941. kleyne. 2942. fiendin. swer. 2944. ser. 2946. von *statt* in. 2948. krigin. 2950. gefochtin. 2962. hovffin; v *nachträglich übergeschrieben, o aus a korrigiert.* 2963. hart. ez *statt* en, *vgl.* 2916. 2964. louffin. 2965. houbtmā. 2967. er. 2969. vil. 2970. dāne *statt* daz. 2971. dan her si *statt* danne. 2977. houbtmā. 2985. dez *statt* der *Bartsch. Durchstrichenes* sehit *vor* stehit. 2987. und *fehlt.* wehit. 2993. fiende. 2998. gehit. 3000. lehit. 3002. wogit. 3006. dan dahen. 3007. eyne solche nod *statt* den tod *Bartsch.* 3008. gebaten '*Vorteil bringen*', *vgl.* batten *DWB 1, 1158.* 3013. spricht. 3025. garr. vnirfarin. 3029. meystir. 3030. folkis. 3033. houptlute. 3034. r *in* eyner *nachträglich übergeschrieben.* 3038. krigin. 3049. vndir gehin. 3051. krige. stehin. 3053. folgit. 3054. gefarin. 3058. houptlute. 3061. irfarin. 3065. eme. 3075. czubreit. schon. folkis. 3077. fiende. 3080. da *verb. aus* daz. 3082. roubin. 3084. cristin gloubin. 3090. di *fehlt.* wil. 3101. er. gehit. 3103. stehit. 3104. vor *statt* von *Bartsch (Anm.).* 3106. yn. 3111. lebindin. 3114. bereyte. 3117. nöthir. 3123. dyne. 3132. gewīnen *statt* gewunnen *Bartsch.* 3139. krenkir. 3145. to-

gintsam. 3146. vngloubigī. 3148. kronē.
3149. cristin gloubin. 3151. beroubin. 3154. stehit.
3156. swer. zcufechtin. 3157. ysidorus. 3176. bösin.
3177. forte. 3179. vns. 3184. forchte. 3185. rechte
*mit gestrichenem* t. 3189. tuestu. 3190. gloubī.
3192. beroubin. 3198. krige.
3204. gātz. 3206. cristī gloubī. behaldē. 3215. sint
*fehlt, erg. von Bartsch (Anm.).* bösin. 3217. heißī *nach-*
*träglich übergeschrieben.* 3218. fele. 3219. bitir.
3222. begehin. 3224. wedir stehin. 3226. vorhebin
*verb. aus* vorhabin. 3229. kleyne. 3231. er *verb. aus* ez.
3232. wāne. 3235. gloubin. 3250. vorgissit.
3254. vnflĕtig. 3256. vnrĕtig. 3259. fiende.
3262. muezgāg. 3268. vntoginde. 3270. huez.
3271. ser. 3275. si *statt* sich Bartsch (*Anm.*). fiende.
3276. sullin *statt* wollin. 3277. kleynes. 3282. vege-
tius. 3286. kleidirn. 3287. kleynlichir. 3288. kran-
ke. 3292. wer *statt* wedir *Bartsch.* 3299. gewop-
pint.
3312. gebrothin. 3313. spisße. 3314. huner
*fehlt, erg. von Bartsch.* 3315. vil. mer. 3324. eme.
3332. buferie. gefellit. 3333. forchtit. 3336. cristin glou-
bin. krenkit. 3337. feste. 3341. der *statt* di. 3345. to-
gintlichī. sich *nachträglich übergeschrieben.* 3352. swur.
3354. wölde. 3357. weysin. 3359. vorfreißin.
3360. fiende. 3361. stehin. 3363. abegehin.
3366. cristī gloubin. 3368. beroubin. 3376. sundir.
3382. gezcidin. 3385. feldin. 3389. klostir.
3390. beroubin. 3392. cristī gloubī. 3394. bösir.
3395. forte. 3398. schönen. frowē.
3404. hergetzcit. 3406. syme. 3409. von *statt*
in. 3412. gewīne. 3415. darīne *statt* darumme *Bartsch.*
3417. gloube. 3421. woppin. 3422. hātwergz man.
3426. iogint. 3434. gehabin vnd getragin. 3438. forch-
tit. 3442. louffin. 3443. höbischis. 3452. fech-
tin. 3455. gefechtin. 3461. vele. 3465. fischer.
fogeler. 3474. deme. ysin. v̄me gehin. 3476. stehin.
3477. fleischower. 3481. herzce.

3503. kraft.    3506. gehin. rytin.    3510. louffin.
3512. wādirn.    3514. felde.    3515. gesy.    3518. fiendin.
3520. man *fehlt*.    3524. wel *fehlt*.    3526. er.
3529. houptluthe. heere.    3531. neere.    3537. vil.
3541. forchtit.    3564. gehin.    3580. stehin.
3582. eygener.    3591. gerethe.    3592. so *statt* do.
findin.    3596. geschet. folke.
3601. arbeid.    3602. woppin. swer.    3603. kleȳ.
3607. vorgehit.    3608. nicht *fehlt*.    3609. vil.
3616. kreftin.    3617. daz *statt* wan. nicht *fehlt*.    3624. wole.
3625. *Am Rande von gleicher Hand* Vegecius libro tercio.
3629. panyr.    3631. houbitmā.    3635. panyr.
3637. houptman.    3641. gud.    3642. fiende.
3651. da *verb. aus* daz.    3652. vorfaßit.    3653. den
*fehlt, erg. von Kunisch.*    3665. swūmen.    3667. dri.
krigī.    3670. schöne.    3672. vil.    3673. swer.
3675. ser.    3676. do heyme do man stetlichin wonit.
3678. sythin.    3684. '*Seitwärts in beiden Richtungen*'.
3689. panyr.    3691. fiende.    3694. hůthe.
3702. fiendin. heere.    3704. weere.    3706. felete.
*das erste* e *aus* a *verb.*    3711. folke.    3712. obirfellit.
3714. sy.    3716. by.    3717. panyr.    3720. rythin.
3722. panyr.    3727. wā, *dahinter radiertes* z.    3729. er *statt* e.
3730. houptman.    3733. fůr.    3734. kleynen.    3735. stůr.
3736. gebw.    3737. eynss.    3743. sȳne.    3744. stri-
tin.    3746. zcufelde.    3747. fechtī.    3748. fiende.
3750. vil.    3751. frost.    3753. enstet.    3754. bor-
ger.    3755. v̄me sus. geschet.    3758. heere. felde.
3763. wedir farin.    3765. mer.    3766. folg. gezcidin.
3767. indem. heer.    3768. dan *verb. aus* daz. stridin.
3775. folke.    3776. zcufelde.    3778. fiende.
3779. krēkī.    3784. wedirfechtin.    3787. folkis.
3789. gehit. vŏr.    3790. kreftin.    3891. vorlŏr.
3792. irfarnē.    3793. follinbracht.    3794. fiende.
vorsehin.    3796. geschehin.
3808. gehit.    3811. nicht danne.    3816. er
*statt* e. geschet.    3817. zcufelde.    3822—3824 *am*
*Rande; unter* 3821 *durchstrichen die Zeile* mit vorteile di

man kegī en wollī lin tut; man *nachträglich übergeschrieben.*
3822. yn.      3823. sich *fehlt, erg. von Bartsch.* icht *statt*
nicht.      3824. fiende.      3831. fiende.      3835. do *statt*
daz.      3836. entrīne.      3840. von *statt* vor, *vgl.* 843.
3844. daz selbe *weist auf das Folgende.*      3848. frö-
men.      3849. Scypio.      3851. fiēden.      3852. folg.
3856. fiende.      3860. fiende.      3865. forchtit.
kleyne.      3866. möchte.      3872. wo end *statt* und
*Bartsch.*      3873. folke.      geschet.      3875. v̄megehet.
3880. ir.      3881. begīnen.      3882. fiende.      3885. vns.
3887. vorkörtin.
　3902. gehin.      3903. woppin.      3904. vorstehin.
3905. merke, *das zweite* e *über gestrichenem* in.      3906. hȯestis.
woppin.      3912. eme.      3913. fiende.      3915. irfindī.
3920. mer.      3922. fechtin.      3924. stehistu.      3927. yn.
2928. folg.      3939. fiende.      3944. fiende.      3947. forchtī.
3948. folg.      3954. louffit.      3955. gewoppintin.
3956. krankir.      met.      3959. irforschin.      3967. vele.
3970. swer.      3971. anyt.      3978. folg.      3983. ryten.
3986. gehin.      3988. feste.      stehin.      3989. allirbest.
3990. folg.      3998. enstehī.      3999. fiende.
　4000. gehī.      4008. gefallen.      4014. louftin.
4016. vngetouftin.      4017. babilonischī *über durchstriche-
nem* heidī.      4020. geschrebin *fehlt.*      4022. di *statt*
deße.      wole.      4023. mer.      4024. irhole.      4031. v̄me
gehin.      4033. judaz.      4035. der *statt* dez. sere vant *statt*
sich undirwant.      4054. krebiße.      4059. mit *nachträg-
lich übergeschrieben.* gewīnen *über gestrichenem* besīnen.
4060. swache, e *über gestrichenem* in.      4063. felde. dāne.
4064. mestir.      4068. gehit.      4074. krigisch heu *statt*
crichisch howe *Bech.* danne.      4075. ez danne.
4076. fiende.      4077. ysere. schapeile.      4079. an-
lachit.      4084. gefolgin.      4086. fechtin.      4090. in
*nachträglich vor gestrichenes* eyn *gesetzt.*      4091. ficht.
4097. vil.      4099. engehen.
　4101. spẏgil.      4102. darīne.      4103. befestint.
töginde. sẏgil.      4106. darīne.      4108. gewīne.